# NE NO ŠĪS PASAULES

# PASAULES

SLEPENĀ KAMBARA DIENASGRĀMATA

ANDREJS ŠAPOVALS

Sagatavošana publicēšanai Andrey Shapoval Ministry International:
Aināra Krastiņa tulkojums
www.shapovalministries.com

Plašāku informāciju par grāmatu izplatīšanu visā pasaulē var atrast: *www.ffministry.com/books*

Visi Svēto Rakstu citāti atbilst Bībeles latviešu valodas tulkojumam.
© Septītās dienas Adventistu Baznīca
Bībeles teksts: © Latvijas Bībeles Biedrība

ISBN: 978–1–964497–03–7

# Satura Rādītājs

# Ievads

REIZ KĀDS KOMENTĀROS IERAKSTĪJA: "ES lieku sev mērķi nākamgad piekļūt tuvāk Dievam." "Neizdosies," es nodomāju. Pati vēlme ir ļoti laba un pareiza, bet, ja mērķis ir abstrakts, tev to nesasniegt. Turklāt, kā varēsi līdz gada beigām noteikt, vai esi tuvāk Dievam vai nē? Tāpēc es iesaku citu pieeju: nosaki konkrētas darbības un soļus. Piemēram, "Es pieņemu lēmumu katru rītu piecelties pusstundu agrāk nekā parasti, lai pavadītu laiku ar Dievu, un es ticu, ka šī iemesla dēļ es piekļūšu tuvāk Dievam līdz gada beigām." Izvirzi sev konkrētus mērķus. Pieņem lēmumu būt Vārdā un lūgties vismaz pusstundu katru dienu. Plāno atdalīt vienu dienu mēnesī lai nošķirtos ar Dievu, kā arī sāc gavēt katru mēnesi. Ienes to visu savā grafikā, un tad gada beigās redzēsi, ka tava garīgā izaugsme ir kļuvusi acīmredzama, pieaugusi tava tuvība Tam Kungam, un tu sāki labāk dzirdēt Viņa balsi un saprast Viņa vārdus.

Šajā slepenā kambara dienasgrāmatā es vadīšu tevi soli pa solim, parādot, kā īstenot praksē patiesības, ar kurām es dalos grāmatā

1

"Ne no šīs pasaules". Es vēlos lai tu aizdegtos vēlmē pēc tuvības ar Dievu, izjustu baudu no attiecībām ar Viņu, attīstītu praksi apstāties un ieklausīties Dievā, un nekad vairs nepārstātu pieaugt Viņā. Nākamajā nodaļā tu atradīsi vēstījumus katrai dienai, Svēto Rakstu pantus iegaumēšanai, jautājumus pārdomām, padomus un praktiskos uzdevumus. Es vedīšu tevi dziļāk Dieva klātbūtnē, Viņa balss izpratnē un Viņa kundzībā.

Es aicinu tevi katru dienu atvēlēt laiku un vietu, lai būtu klusumā ar Dievu un ieklausītos, ko Viņš teiks tevī. Ieklausies tajā, ko Svētais Gars runās uz tevi, un noteikti to pieraksti. Neizlaid šo grāmatas daļu, praktizē klausīties Dieva balsī, pieraksti un ieskicē to, ko dzirdēsi un redzēsi. Īsi ieraksti ir ļoti vērtīgi. Izmanto dienasgrāmatu, lai pierakstītu, ko Dievs runā tev personīgi. Un pats galvenais – izbaudi Viņa klātbūtni un ļauj Viņam izbaudīt tavu klātbūtni!

Ja izlaidi vienu dienu, nākamajā dienā tev nav jāiet cauri divām nodaļām. Necenties izlasīt visu rokasgrāmatu vienā piegājienā – jēga nav iegūt informāciju, bet attīstīt pastāvību attiecībās ar Dievu, lai iemācītos katru dienu palikt Dieva Vārdā un pieaugt Viņā. Veido ieradumu apstāties un būt kopā ar Dievu. Parādi pastāvību, un tu drīz redzēsi, cik lielā mērā saasināsies tava spēja dzirdēt Dieva balsi, tāpat kā tavs jutīgums pret Viņa klātbūtni un Svētā Gara vadību.

Dievs gaida tevi slepenajā kambarī! Vai esi gatavs?

Tad sākam.

# Visaugstākā patvērumā

## 1. DIENA

# 91. psalms

[1] Kas dzīvo Visaugstākā patvērumā un mīt Visuvarenā ēnā,

[2] tas saka uz To Kungu: "Mans patvērums un mana pils, mans Dievs, uz ko es paļaujos!"

[3] Jo Viņš tevi glābj kā putnu no ķērēja cilpas, pasargā no iznīcinātāja mēra.

[4] Viņš tevi sedz ar Saviem spārniem, zem Viņa spārniem tu esi paglābts; Viņa patiesība ir tavs vairogs un bruņas.

[5] Tu nebīsties nakts briesmu, nedz arī bultu, kas dienu skraida,

[6] nedz mēra, kas tumsā lien, nedz sērgu, kas pusdienā nomaitā.

[7] Jebšu tūkstoši krīt tev blakus un desmit tūkstoši tev pa labo roku, taču tevi tas neskars.

[8] Tiešām, tu vēl skatīsi ar savām acīm un redzēsi, kā bezdievjiem tiek atmaksāts.

[9] Tiešām, Tu, ak, Kungs, esi mans patvērums! Visaugstāko tu esi izraudzījis sev par aizsargu.

[10] Nekāds ļaunums tev nenotiks, nedz kāda nediena tuvosies tavai teltij,

[11] jo Viņš sūtīs tev Savus eņģeļus tevi pasargāt visos tavos ceļos.

[12] Viņi tevi uz rokām nesīs, lai tava kāja nepieduras pie akmens.

[13] Pār lauvām un odzēm tu varēsi staigāt, tu samīsi jaunos lauvas un čūskas!

[14] "Tādēļ, ka viņš Man stipri piekēries, Es viņu izglābšu; Es viņu paaugstināšu, jo viņš pazīst Manu Vārdu.

[15] Kad viņš Mani piesauks, tad Es viņu paklausīšu; Es viņam esmu klāt bēdās, Es viņu izraušu no tām un celšu godā.

[16] Es viņam došu ilgu mūžu un parādīšu viņam Savu pestīšanu!"

REIZ ES UZ DAŽĀM DIENĀM noīrēju mājiņu mežā, lai varētu lūgties un būt kopā ar Dievu prom no kņadas.

Šī mājiņa atradās pamestā vietā pie upes – es gribēju, lai mani nekas nenovērš. Kad tur ierados, uzreiz devos uz upi ar ģitāru un Bībeli rokās, pielūgt Dievu un lasīt Vārdu. Svaigs gaiss. Visapkārt ne dvēseles. Skaistums! Pēc dažām stundām sāka satumst, es iededzu ugunskuru un turpināju pielūgt Dievu. Drīz dzirdēju dīvainas skaņas: kaut kas pīkstēja, šakāļi gaudoja, izplatījās it kā sarūsējušu šūpoļu čīkstēšana... Es kļuvu piesardzīgs, jo biju taču viens pats pie upes, sveša meža ieskauts... Kādā brīdī es padevos: "Lai nu paliek tā daba! Skriešus jāatgriežas mājās – labāk es tur palasīšu Bībeli..." Es nodzēsu ugunskuru, un kļuva vēl tumšāks. Gāju mājup. Meža skaņas pastiprinājās. Apkārt sacēlās kaut kas biedējošs – gluži kā šausmu filmās. Es paātrināju soli. Vēl! Vēl! Tad es jau vienkārši skrēju. Ātri, ātri – rokām apskāvis ģitāru. Acumirklī es atvēru durvis ar atslēgu un ielidoju mājā. Mana sirds dauzījās, trūka elpas. Paņēmu savu Bībeli, un mēģināju lasīt, taču nevarēju koncentrēties, jo no meža turpināja izplatīties mežonīgi kliedzieni, čaukstēšana un sprakšķēšana. Visa mana uzmanība bija vērsta uz to, kas notika ārpus manas meža mājiņas sienām.

Kāda nožēla! Es šurp atbraucu, lai nošķirtu sevi Dievam, bet bailes tik ļoti pārņēma mani, ka neļāva man koncentrēties uz Dievu. Es visu laiku klausījos, kas notiek aiz loga, un ar katru skaņu bailes pastiprinājās un pārņēma manu domāšanu. Saprotot, ka es vairāk cīnos ar bailēm, nekā pavadu laiku ar Dievu, es nolēmu: "Iešu gulēt... tik un tā maz jēgas ... Es pat nespēju lasīt Bībeli!" Tomēr es visu nakti grozījos un nevarēju pagulēt, joprojām dzirdot visas šīs meža šausmas un zvēru rēcienus. No rīta es iesnaudos ar domām:

"Nošķiršanās mežā nav domāta man! Tiklīdz pienāks diena, es pēc iespējas ātrāk aizbraukšu, un mana kājas vairs šeit nebūs! Es negribu palikt šeit, jo nevarēšu koncentrēties uz Dievu. Kam man vajadzīga tāda nošķiršanās?"

Kad es no rīta pamodos, apkārt bija tik "forši": spīdēja saule, dziedāja putni, upe vizēja.

"Nu," es nodomāju, "tā ir forša atmosfēra! Aiziešu uz upi, nedaudz padziedāšu un lasīšu, un kad kļūs tumšs, prom uz mājām!" Paņēmu ģitāru un gatavojos iet ārā... bet kur tad mājas atslēga? Sāku atcerēties: vakar atnācu un aizslēdzu durvis... *kur gan es to bailēs nometu?*

Sāku meklēt atslēgu un atcerēties katru savu soli – es patiešām jutos briesmīgi pagājušā naktī. "Kungs, atbrīvo mani no šīm bailēm, es negribu tā uztraukties!" *Nu, kur gan tā atslēga?*

Es to nekur nevarēju atrast. Nu, un nevajag! Es nolēmu iet bez tās. Izgāju ārā, bet mana atslēga – durvīs no ārpuses. Izrādās, ka skrēju tik ātri, ka pat neaptvēru, ka atstāju atslēgu tur... Tā tur karājās visu nakti. Vari iedomāties?!

Kad es to ieraudzīju, es tik ļoti smējos... un tajā pašā mirklī Dievs uzrunāja mani. Un mani tā "pārklāja", ka vienlaikus smējos, raudāju un klausījos Dievā. *"Dēliņ, saproti, ka Es tevi sargāju. Ja kāds būtu gribējis tev nodarīt ļaunu, tu tiem būtu vēl palīdzējis, atstājot atslēgu saviem ienaidniekiem. Vai saproti, ko Es tev rādu? Tas esmu Es, kas tevi sargāju, nevis tava atslēga. Pat ja tu aizmirsti atslēgu ārpusē, neviens tev nepietuvosies, jo Es tevi esmu nošķīris Sev. Tas esmu Es, kurš tevi sargā. Es izdarīju tā, lai tu redzi, ka atrodies Visaugstākā aizsardzībā, tāpēc nomierinies!"* Un Viņš sāka man rādīt, ka Viņš ir manas dzīves Kungs un vienmēr mani sargā.

Tajā brīdī ieraudzīju 91. psalmu jaunā veidā, kas atklāj derības spēku, kurā mēs pieaugam. 91. psalms ir Dieva kundzības paraugs (autora izcēlums):

> *Kas dzīvo Visaugstākā patvērumā un mīt Visuvarenā*
> *ēnā, tas saka* **uz To Kungu**: *"Mans patvērums un*
> *mana pils, mans Dievs, uz Kuru es paļaujos!"*

*Kas dzīvo* – tas ir cilvēks, kurš ir Viņa pilnīgā aizsardzībā. Tu neieej Viņa patvērumā kā viesos, no viena gadījuma līdz nākamajam, kad tas ir ļoti nepieciešams, svētdienās vai svētkos, nē, tu dzīvo zem Viņa kundzības, zem Viņa varas Viņa Valstībā.

Vai tu domā, ka Es aizbraucu? Nē, Es paliku. Es ticu, ka tajā brīdī, kad pie durvīm mani pārklāja Dieva klātbūtne, kad smējos un raudāju, es saņēmu reālu brīvību no bailēm!

Kad pienāca nākamā nakts mežā, es mājiņā lasīju Bībeli. Man nebija bail, man bija smieklīgi! Man apkārt viss rēja, gaudoja, plīsa, čīkstēja, bet es jutu Dieva klātbūtni – es biju Visaugstākā patversmē, Visuvarenā ēnā. Es vairs nebaidījos no šīm šausmām naktī. Sanāca tā, ka pirmā nakts man bija briesmīgs laiks, bet otrā – brīnišķīgs laiks.

Tajā brīdī mežā es ieraudzīju pravietisku pirmtēlu: to nākotni, kurā mēs tagad ieejam kā draudze būs briesmīgs laiks vieniem, un brīnišķīgs citiem! Visu nosaka tas, zem kādas kundzības tu atrodies. Ja esi zem Viņa kundzības, grūtākais, ko tev nāksies darīt, būs skatīties ārā "pa logu" un vērot, kas notiek redzamajā pasaulē. Tomēr tu būsi mājā, kas celta uz cita pamata, Tēva namā. Tu atpūtīsies Viņa patvērumā nevis tāpēc, ka esi to pelnījis, bet tāpēc, ka pateici: *"Tiešām, Tu, ak, **Kungs**, esi mans patvērums"; Visaugstāko tu esi izraudzījis sev par patvērumu. Nekāds ļaunums tev nenotiks, nedz kāda nediena tuvosies tavai teltij, jo Viņš sūtīs tev Savus eņģeļus tevi pasargāt visos tavos ceļos. Viņi tevi uz rokām nesīs, lai tava kāja nepieduras pie akmens..." (Psalms 91:9–12 autora izcēlums)*

Gribu pievērst tavu uzmanību tam, ka 91. psalms ir sadalīts divās daļās. Psalma pirmā daļa saka, ka Viņa valdīšanas laikā tu esi **aizsargāts un apgādāts**, un otra par to, **dēļ kā esi aizsargāts un apgādāts**.

Zem Dieva kundzības tu esi aizsargāts un nodrošināts, tāpēc tava uzmanība vairs nav sakoncentrēta uz bailēm vai vajadzībām – tava uzmanība ir vērsta uz Dieva gribas piepildījumu. Un tam tev ir dota vara uzbrukt ienaidnieka spēkiem. Viņa patvērumā tu vienkārši nesēdēsi, tu sāksi rīkoties: staigāsi pār lauvām un odzēm un samīsi jaunos lauvas un čūskas (skat.: Psalms 91:13).

Interesanti, ka pēdējā pantā Dievs apsola: *"Es viņam došu ilgu mūžu un parādīšu viņam Savu pestīšanu!"* Skaists solījums, vai ne? Padomā par to: ja tava nākotne būtu smaga un briesmīga, slimībās un nabadzībā, tad dienu garums nebūtu tev svētība. Tāpēc ir tik svarīgi būt tuvu Dievam un paklausīt Viņa balsij – tas mūs vedīs pie zināšanām par Viņa kundzību Visaugstākā patvērumā. Mums ir jāpieaug zem Dieva kundzības un jādzīvo uzticībā Viņam, lai mūsu uzmanība varētu būt koncentrēta vienīgi uz Viņa gribas pildīšanu. **Kad Viņš ir tavs Kungs, Viņa uzmanība ir vērsta uz tavām vajadzībām, lai tava uzmanība būtu vērsta uz Viņa gribu.**

# Uzdevums

Ja tavā dzīvē ir kādas bailes, iespējams, tu neesi uzzinājis Dieva patiesību attiecībā uz šo sfēru un neesi pakļāvis to Dieva kundzībai. Ir pienācis laiks tikt galā ar šīm bailēm. Pieraksti, kādas tieši bailes tevi kavē, un.

Stājies tam pretī: Pavēli šīm bailēm aizvākties no tavas dzīves un pasludini Dieva vārdu un Dieva apsolījumus šajā sfērā.

_____

_____

_____

_____

_____

_____

_____

_____

_____

_____

_____

_____

# IEGREMDĒŠANĀS SLEPENAJĀ KAMBARĪ

Pavadi nākamās 15 minūtes, lūdzoties mēlēs, un pēc tam 15 minūtes vienkārši gaidi uz To Kungu mierā un klusumā. Es personīgi to daru šādi: es sastingstu lūgšanā. Vispirms es lūdzu garā, tad es apstājos un sāku domāt par Dievu, par Viņa vārdu, pie tam klausoties, ko Viņš saka manī, un vienkārši esmu klusumā.

Ieklausies Viņa balsī, tajā, ko Viņš teiks tavā garā.

_____

_____

_____

_____

_____

_____

_____

_____

_____

_____

_____

_____

_____

# Rimstiet un atzīstiet!

## 2. DIENA

# 46. psalms

¹ Dziedātāju vadonim. No korahītu dziesmām augstām balsīm.

² Dievs ir mūsu patvērums un stiprums, tiešām spēcīgs palīgs bēdu laikā.

³ Tāpēc mēs nebīstamies, kaut arī zeme zustu un kalni pašā jūras vidū nogrimtu.

⁴ Lai jūras ūdeņi krāc, lai ceļas viļņi, un lai no bangu trakošanas visi kalni dreb. Tas Kungs Cebaots ir pie mums, mūsu stiprā pils ir Jēkaba Dievs! (Sela.)

⁵ Taču Dieva pilsētu iepriecina Viņa strauti, tie iepriecina Viņa svētnīcu, kas Visaugstākajam ir par mājokli.

⁶ Dievs ir šai pilsētā, tās pamati negrīļosies. Dievs tai palīdz, jau rītam austot.

⁷ Tautas trako, un valstis krīt, zeme izkūst, kad Viņš paceļ Savu balsi.

⁸ Tas Kungs Cebaots ir ar mums, Jēkaba Dievs ir mūsu stiprā pils! (Sela.)

⁹ Nāciet un skatieties Tā Kunga darbus, kas iztrūcina zemi,

¹⁰ kas liek kariem mitēties visā pasaulē, kas salauž stopus, kas šķēpus sadauza un bruņas ar uguni sadedzina!

¹¹ "Rimstiet un atzīstiet, ka Es esmu Dievs, cildināms tautu starpā, cildināms pa visu pasauli!"

¹² Tas Kungs Cebaots ir ar mums, mūsu stiprā pils ir Jēkaba Dievs!

MANI VIENMĒR IR INTERESĒJIS, KĀ domā Dievs, kāds ir Viņa sākotnējais nodoms, kā Viņš redzēja Savas attiecības ar cilvēku no paša sākuma, kam mums jāpievērš uzmanība, lai būtu tuvas attiecības ar Viņu? Es pavadīju vairākas stundas, pētot Mozus grāmatas pirmās nodaļas un citas Svēto Rakstu vietas, lai atrastu atbildes uz saviem jautājumiem un redzētu Viņa sākotnējo ieceri. Tā 1. Mozus 2: 8 ir teikts:

*Un Dievs Tas Kungs dēstīja dārzu Ēdenē, austrumos,*
*tur Viņš ielika cilvēku, ko bija veidojis.*

Vārds "Ēdene" ebreju valodā ir apzīmēts ar piecām zīmēm, no kurām katrai ir īpaša nozīme: vieta, moments, atvērtas durvis, Dieva klātbūtne un bauda. Citiem vārdiem sakot, Ēdene nebija tikai dārzs, tā bija atmosfēra, kurā tika atvērtas debesis, vieta, kas piepildīta ar Dieva klātbūtni, kur cilvēks piedzīvoja kopību ar Dievu. Tieši tur Dievs novietoja cilvēku. Atmosfēra ir primāra. Radītāja sākotnējais nodoms cilvēka dzīvei bija, lai mēs dzīvotu zem atvērtām debesīm taustāmā Dieva klātbūtnē. *Kāpēc tas ir tik svarīgi?* Jo no Dieva klātbūtnes vietas, kur debesis ir savienotas ar zemi, cilvēks varēja valdīt un dominēt, izplatot Ēdeni, Dieva Valstību, pa visu zemi. Šo patiesību nevar atstāt bez ievērības: Dieva klātbūtnei ir jākļūst primārai mūsu dzīvē: tev ir jādzīvo tur zem Visaugstākā patvēruma un Visuvarenā ēnā, un jādara viss izejot no Viņa klātbūtnes. Tikai tad tu gūsi panākumus visos savos ceļos un spēsi pildīt Tā Kunga gribu. Tas ir Viņa ideālais plāns cilvēkam.

Kā praktiski to panākt?

Grāmatas "Ne no šīs pasaules" 3. nodaļā es aprakstīju tempļa struktūru, kas kalpoja par vietu, kur Dieva godība mājoja uz Zemes.

Tempļa nodalījumi ir pakāpieni uz tuvību ar Dievu, pirmtēls tam, kā mēs tuvojamies Viņam: caur ārējo pagalmu uz iekšējo pagalmu un pēc tam uz Vissvētāko vietu. Vissvētākā vieta ir Dieva klātbūtne. Vecajā Derībā tikai augstais priesteris varēja tur ienākt reizi gadā. Bet Jaunajā Derībā, pateicoties Jēzus Kristus upurim, ikvienam, kas tic, ir brīva ieeja Vissvētākajā vietā, Dieva klātbūtnē, Viņa kundzībā.

Par to vari izlasīt pašā grāmatā, tāpēc es neatkārtošos. Šajā dienasgrāmatā es vēlos tev parādīt, kā iedziļināties Dieva klātbūtnes dziļumos – Vissvētākajā vietā. Tas ir process, un ir zināmi nosacījumi, kā mēs tur ieejam, no ārējā pagalma iekšējā pagalmā un pēc tam Vissvētākajā vietā, kur tu nododi sevi Dieva pilnīgā rīcībā un nonāc vaigu vaigā ar Viņu.

Varbūt kāds sacīs: "Ak, tas nav reāli!" Lūk, tāpēc arī tu turi rokās šo rokasgrāmatu – lai Tā Kunga iepazīšana un tuvība ar Viņu tev kļūtu par realitāti. Nenobaudot to, tu nekad nesapratīsi, ko nozīmē IEPAZĪT Dievu. Tieši Viņa klātbūtnes dzīlēs notiek vienotības, izziņas un adopcijas procesi. Ja tu apstāsies un neiedziļināsies Vissvētākajā vietā, tavas attiecības ar Dievu paliks tikai zināšanu un informācijas līmenī.

Tātad, lai iepazītu Dievu, ir jāiemācās ieiet Viņa klātbūtnes dziļumos. Dieva klātbūtne ir daudz vairāk nekā tikai fiziskas sajūtas dievkalpojuma vai lūgšanas laikā. Cilvēki domā, ka, ja viņiem pa ķermeni "skrien skudriņas", viņi ir iegājuši Dieva klātbūtnē. Tā nav gluži taisnība! Dieva klātbūtnē ir dziļums – tā ir iegremdēšanās Viņa mierā, šalom un viendabībā, gara, dvēseles un ķermeņa harmonijas sasniegšanā. Kā to var panākt? Psalmā 46:11 teikts:

*Rimstieties un atzīstiet, ka Es esmu Dievs, cildināms tautu starpā, cildināms pa visu pasauli!*

Psalmi 46:11

Šī panta tulkojumā angļu valodā tiek izmantota frāze *"be still"* – *tas ir, ieej klusumā, mierā, nekustīgumā.* Citiem vārdiem sakot, ir jāizslēdz VISS, jānovāc VISS, jāpārtrauc VISS un jāapstājas pašam. *"Rimstiet un atzīstiet"* nozīmē apstāšanās līmeni, kad viss izgaist fonā. Lai to izdarītu, mums ir jārada noteikti nosacījumi: jāvelta laiks un vieta, jāpamet visas darbošanās un jākoncentrējas tikai uz To Kungu. Tas nozīmē, ka vairs nebūs vietas telefonam, datoram, ziņām, grāmatām un sociālajiem medijiem – nekam traucējošam tur vispār nav jābūt!

Ja tu dali slepeno kambari ar citām nodarbēm vai ļauj kādam jebkurā brīdī tevi pārtraukt, tad tu piešķir lielāku nozīmi šiem traucēkļiem nekā saziņai ar Tēvu, vai pielīdzini Dievu šiem faktoriem. Bet Tas Kungs neparādīsies šādā atmosfērā. Šodien ticīgie lūdzas, pielūdz, dzied, bet tajā pašā laikā viņi neizslēdz savus tālruņus un pastāvīgi skatās uz tiem. Un problēma vispār nav telefons; Problēma ir dvēselē, kas tam piesaistīta. Ja lūgšanas vai vientulības laikā tu neesi spējis atbrīvoties no atkarības no tālruņa vai no savām raizēm, domām, plāniem, jūtām, Dievs tev neatvērs Savu sirdi. Viņš nerunās ar tevi, ja tavu acu priekšā būs kaut kas, kas novērš tavu uzmanību no Viņa. Dievs ļoti labi zina Savu vērtību un neļaus tev novirzīt savu uzmanību no Sevis uz tavas dvēseles interešu objektiem. Ja tu apgalvo, ka Viņš ir tavs Kungs un Ķēniņš, tad tev ir jārīkojas cienīgi. Tas nozīmē, ka tev nāksies izdarīt izvēli.

Kad Dievs vērš Savu uzmanību, Savu skatienu, Savu elpu uz tevi, tev nav jāpaliek vietai nekam citam. Dievs atklāj Sevi tikai tiem, kuru uzmanība pilnībā pievērsta Viņam. Patiesībā, un daudzi, iespējams, to tagad neizpratīs, mums ir jāiemācās ienirt Dieva klātbūtnes dziļumos, kur nav vietas pat mūzikai, dziesmām vai citām balsīm. Nekam!

Kalpošanu Dievam tempļa iekšējā pagalmā pavadīja levītu mūzika un dziedāšana, bet augstais priesteris neiegāja svētnīcā ar dziesmām, ar arfām, ar dziedātāju un mūziķu pūli. Viņš devās uz turieni viens pats ar virvi, kas bija piesieta pie viņa kājas, lai viņa nāves gadījumā no Tā Kunga rokas, pārējie priesteri varētu izvilkt mirušo ķermeni. Tādējādi virve bija simbols tam, ka priesteris mira sev. Tāpēc es gribu vēlreiz uzsvērt: ja tu vēlies ieiet Vissvētākajā vietā, Dieva klātbūtnes dziļumos, visam, kas atrodas ap tevi, ir jāzaudē sava vērtība, un tev ir jāmirst visam. Ja vēlies iegūt Dieva uzmanību, nodali sevi no visa un velti Viņam visu savu uzmanību.

Pirmkārt, radi apstākļus ap sevi un sevī. Atrodi metodes, kas tev palīdzēs ieiet Dieva klātbūtnē. Lai to izdarītu, daudzi ieslēdz mūziku, lūdz mēlēs un pielūdz To Kungu. Un tas ir labi. Bet, kad tu beidzot savienojies ar Dievu, pārtrauc visu un dodies dziļāk miera stāvoklī. VISAM, kas ir ap tevi, un VISAM **tevī**, ir jāapklust.

Dievs to man mācīja nošķirtībā. Svētais Gars man reiz teica: "Lai iedziļinātos Manā klātbūtnē un ieraudzītu Manu godību, atmet visas dziesmas, balsis, mūziku – visu, kas atšķaida Manu sadraudzību ar tevi." Ja vēlies ieiet Dieva iepazīšanas dziļumos un iemācīties redzēt tālu, augstu un plaši, tev viss ir jāizslēdz un jāvelta sevi Viņam. Tev būs jāiemācās nomierināt savas jūtas, emocijas, domas un ieiet Dievišķā mierā, jo tikai šajā stāvoklī tu varēsi skaidri dzirdēt Dieva balsi.

Atceros, kā Dievs reiz man teica: *"Es negribu runāt ar tavām jūtām, es gribu runāt ar tevi, ar tavu garu, un tavs pienākums ir nomierināt tavu dvēseli un ķermeni, lai tu mani varētu sadzirdēt."* Viņš arī sacīja: *"Iemācies nomierināt ne tikai savas emocijas, bet arī savu ķermeni."* Jā, dažreiz es staigāju pa istabu lūgšanas laikā – visbiežāk aizlūgšanas vai lūdzot mēlēs. Taču, lai skatītos uz Dieva godību un ietu dziļumā, ir jāiemācās apturēt ne tikai domas, jūtas, emocijas un laiku, bet arī ķermeni. Tavam ķermenim arī ir jānomierinās un jānonāk harmonijā ar tavu garu un dvēseli.

Tavā redzes laukā ir jāpaliek vienīgi Dievam un tev, un nekam citam! Šajā brīdī tev ir jānomirst visam. Tu ieej Vissvētākajā vietā, un šajā "vietā" tu vairs neko nesaki, bet pilnībā nododi sevi Dievam. Tu esi tur, lai dzirdētu Viņu. Tas nav tikai klusums, tas ir dziļums. *Be still* nozīmē iedziļināties šajā klusumā, dziļāk šajā mierā.

Dažreiz nošķirtībā es iekrītu kaut kādā vakuumā, ieeju citā atmosfērā un taustāmi sajūtu, kā mani aptver Dieva godība. Viss, kas pirms tam trokšņoja un dārdēja, atvirzās fonā, un es kaut kur iekrītu un neko vairs nedzirdu. It kā būtu atslēdzies no ārpasaules mucā. Visa mana uzmanība ir vērsta uz Dievu, un šajā stāvoklī es sāku ne tikai dzirdēt Viņa balsi, bet arī sāku saprast Viņa domas, Viņa vārdus. Mēdz būt tā, ka tevī skan nevis Dieva vārdi, bet it kā domas. Tu zini, ko Viņš grib tev pateikt, – nedzirdi, bet zini. Tu saproti, ka Viņš tev parāda, ko Viņš atklāj. Tu iekšēji saproti šo gara valodu. Tā sarunājas garīgajā pasaulē. Tā runā Dievs.

Viņa balss mūsos nāk nevis skaņā, bet izpratnē un tēlos. Dievam nav fiziskas mutes, Viņš nerunā kā cilvēks. Tas nozīmē, ka Viņa balss ir jāsaprot, jāapzinās, jāatšķir.

Man bieži jautā:

— Andrej, kā tu dzirdi Dievu?

— Izpratnes līmenī. Es saprotu, ko Viņš tagad saka, es saprotu Viņa balsi.

— Kā tu to saproti?

— Tas ir jāmācās, ļaujot Svētajam Garam vadīt Dieva klātbūtnes dziļumos. Tu to nevarēsi saprast, kamēr nesāksi praktizēt visu, par ko esmu runājis.

Vēlos atzīmēt, ka es tagad nerunāju par pravietošanas dāvanu, bet gan par Dieva iepazīšanu un ciešām attiecībām ar To Kungu. Pravietošanas dāvana var darboties pat kņadā. Bet, kad tu veido tuvību ar Dievu un savienojies ar Viņu, tev ir pienākums nomierināt savu dvēseli un ķermeni. Dievs ir saistīts ar tevi gara valstībā – vai tu spēsi savienoties ar Viņu? Kāds var iebilst: "Tas ir tik sarežģīti, un man tam nav laika!" Dievs vienmēr runā tavā garā. Jautājums ir par to, vai tu spēsi nomierināt savas maņas, savas domas un savu ķermeni, lai Dieva balss varētu iekļūt no gara sfēras tavā dvēselē, runājot ar tevi saprotamā valodā.

Neatstāj Dievam to, kas tev ir jādara pašam:

- Dievs nenomierinās tavas emocijas, tās ir jānomierina tev.

- Dievs neslāpēs tavas jūtas, tās ir jānomierina tev.

- Dievs neizslēgs tavu telefonu, tas ir jāizdara tev.

- Dievs nespiedīs tevi koncentrēties uz Viņu, tas ir jāizdara tev.

Visbeidzot, kad visi traucēkļi ir novērsti un tu nonāc Dievišķā miera stāvoklī, tu nevēlēsies turēt acis atvērtas un runāt par jebko. Tagad Dievs runās. Tāpēc aizver savas fiziskās acis un skaties ar garīgām acīm. Ievēro, ko Viņš tev rāda, ko Viņš saka, ko Viņš atklāj.

# Uzdevums

Godīgi izanalizē tos faktorus, kuriem ir lielākā ietekme uz tavu dvēseli un kuri var novērst tavu uzmanību, kad atvēli laiku lūgšanai un lai būtu kopā ar Dievu. Ja vēlies iedziļināties, tev ir jānošķiras no visa.

Pieraksti, kas varētu novirzīt tavu uzmanību, kad tu centies pilnībā koncentrēties uz To Kungu.

_____

_____

_____

_____

_____

# IEGREMDĒŠANĀS SLEPENAJĀ KAMBARĪ

Pavadi nākamās 15 minūtes, lūdzoties mēlēs, un pēc tam 15 minūtes vienkārši gaidi uz To Kungu mierā un klusumā. Ieklausies Dieva balsī, tajā, ''ko Viņš sacīs tevī''.

_____

_____

_____

_____

_____

_____

# Viņa balss Viņa klātbūtnē

## 3. DIENA

# 23. psalms

[1] Dāvida dziesma. Tas Kungs ir mans gans, man netrūks nenieka.

[2] Viņš man liek ganīties zāļainās ganībās. Viņš mani vada pie skaidra ūdens.

[3] Viņš atspirdzina manu dvēseli un ved mani pa taisnības ceļiem Sava Vārda dēļ.

[4] Jebšu es arī staigāju tumšā ielejā, taču ļaunuma nebīstos, jo Tu esi pie manis, Tava gana vēzda un Tavs gana zizlis mani iepriecina.

[5] Tu klāj man galdu, maniem ienaidniekiem redzot, Tu svaidi ar eļļu manu galvu, mans kauss ir piepildīts pilns līdz malai.

[6] Tiešām, labums un žēlastība mani pavadīs visu manu mūžu, un es palikšu Tā Kunga namā vienmēr.

23 PSALMS, KURU TU TIKKO LASĪJI, pauž kundzības būtību. Tie nav Dāvida vēstījumi, tās nav viņa lūgšanas, tie ir principi, kā dzīvot zem Dieva kundzības. Ievēro, ka Dāvids nesaka: "Dievs ir mans gans", bet gan "Tas Kungs ir mans gans". Atšķirību starp Dieva un Kunga jēdzieniem detalizēti izskatījām grāmatā. Šajā psalmā Dāvids neizsaka savu attieksmi pret To Kungu, bet gan Tā Kunga attieksmi pret viņu! Dāvida vārdus var pārfrāzēt šādi: "Es esmu mīlējis Viņu un pakļāvies Viņa kundzībai. Un lūk, ko Viņš tagad dara manā labā un ko izpauž manā dzīvē zem Viņa kundzības."

Frāze "Viņš man liek ganīties zāļainās ganībās" runā par nodrošinājumu. Savā valdīšanas laikā Dievs mums ir sagatavojis zāļainas ganības un devis mums dzīvību un tās pārpilnību. Tieši tajā Viņš vēlas mūs ievest.

Vārdi *"Viņš mani vada pie skaidra ūdens."* runā par mieru Dievā. Tas Kungs ir ieinteresēts ievest mūs miera stāvoklī, pretējā gadījumā mēs nespēsim sadzirdēt Viņa balsi. *Kāpēc šeit tiek pieminēts ūdens?* Ūdens remdē slāpes, rada mieru, personificē dzīvību un ir Svētā Gara pirmtēls. Cilvēks nekad nenogurst skatīties uz uguni un ūdeni, šīm Dieva dabas izpausmēm. Dievs vēlas mūs vadīt pie klusiem ūdeņiem, lai Viņš varētu būt ar mums un mācīt mūs šajā mierā.

Frāze *"Viņš vada mani pa taisnības ceļiem Sava Vārda dēļ "* runā par Svētā Gara vadību, kurš mūs vada, kad mēs esam zem Dieva Kundzības. Viņš vada mūs, lai piepildītu Dieva aicinājumu saistībā ar Viņa gribu. Šajos ceļos Viņš pavēl eņģeļiem uzraudzīt mūs (Psalms 91:11), apgādā mūs, aizsargā mūs, risina mūsu problēmas, apmierina mūsu vajadzības un ir līdzdalīgs visās mūsu nodarbēs, lai mēs varētu izpildīt Viņa gribu.

Pievērs uzmanību šādai secībai:

1. liek ganīties zāļainās ganībās,
2. vada pie skaidra ūdens,
3. atspirdzina manu dvēseli,
4. ved pa taisnības ceļiem.

Iesākumā Dievs mūs ved pie klusiem ūdeņiem, lai mēs varētu nonākt pie garīga, dvēseles un ķermeņa miera, jo tikai tad Viņš varēs mūs vadīt ar Savu balsi. Šie ir principi, ko Dievs mācīja Dāvidam: esot miera stāvoklī, tu dzirdēsi Svētā Gara balsi sevī. Viņš personīgi vadīs un sūtīs tevi no Viņa klātbūtnes, lai tu pildītu Viņa gribu.

*Kāpēc Dieva klātbūtne ir tik svarīga?* Jo Dieva klātbūtnē ir dzirdama Viņa balss. *Vai Dievs var runāt uz mums no ārpuses?* Protams, ka var. Taču no ārpuses Viņš mūs nevis vada, bet aptur, atvedot mūs atpakaļ uz slepeno kambari, uz personīgām attiecībām ar Viņu, lai runātu uz mūsu sirdi. No ārpuses Dievs tikai piesaista mūsu uzmanību. Vēlreiz gribu uzsvērt, ka no ārpuses Svētais Gars apstādina, brīdina, tomēr nevada mūs. Brīdināt nav tas pats, kas vadīt. Lai Dievs mūs vadītu, mums ir jāapstājas, jāieiet mierā un jāieklausās Viņā.

*"Jebšu es arī staigāju tumšā ielejā, taču ļaunuma nebīstos"* Ievēro vārdu "jebšu". Tas izsaka varbūtību, nevis modeli. Tā nav neizbēgamība, kā daži māca, bet drīzāk negadījums vai noteikts periods. Citiem vārdiem sakot, mums nav visu laiku jādzīvo, gaidot nepatikšanas. Tomēr pat tad, ja rodas nepatikšanas, atrodi mierinājumu Dāvida vārdos: *"Jebšu es arī staigāju tumšā ielejā, taču ļaunuma*

*nebīstos, jo Tu esi pie manis".* Vētras var plosīties mums visapkārt, bet mēs tās pārdzīvosim Tā Kunga patvērumā un aizsardzībā.

*"Tiešām, labums un žēlastība mani pavadīs visu manu mūžu, un es palikšu Tā Kunga namā vienmēr."* Šeit Dāvids runā par Tā Kunga klātbūtni un labestību visās dzīves dienās. Un, jo paklausīgāki mēs esam Dieva balsij, jo vairāk Viņš izpauž Savu kundzību mūsu dzīvē.

Tiklīdz es sapratu šo patiesību, es sāku radīt apstākļus, lai es varētu ieiet Dieva atdusā, kur nekas mani nenovērsīs no Viņa. Kad tu pirmo reizi sāc savu ceļojumu Tā Kunga klātbūtnē, tu vari ieslēgt mūziku, staigāt pa istabu, citēt Vārdu un lūgt mēlēs. Taču tie visi ir tikai soļi dziļumā: no ārējā pagalma līdz iekšējam pagalmam un pēc tam uz Vissvētāko vietu. Kad tu jau ieej Vissvētākajā vietā, tā kļūst par Ēdeni, vietu, kur debesis ir atvērtas virs tevis un Dievs tevi pārklāj ar Savu godību.

Lai būtu Dieva klātbūtnē, es nolēmu katru mēnesi uz dažām dienām doties lai nošķirtos kalnos. Dieva atdusā man sāka atklāties Viņa Vārda dziļums un plašums, un es ieraudzīju Svētos Rakstus jaunā veidā. Dažreiz es saņēmu konkrētus uzdevumus no Tā Kunga, un Viņš mani vadīja ar Savu balsi.

Dievs mani sāka mācīt ar vienkāršiem soļiem. Atceros kādu atgadījumu nošķirtībā kalnos. Ir tā, ka atrodoties Dieva klātbūtnē un Vārdā, es nekustos. (Es aprakstīju šo stāvokli *be still* iepriekšējā nodaļā.) No ilgstošas sēdēšanas mani muskuļi dažreiz kļūst nejutīgi un viss ķermenis sāk sāpēt. Tāpēc cenšos izvēlēties viesnīcu, kurā ir sauna. Man patīk iet tvaika pirtī, un, kad esmu uzmundrināts, dodos atpakaļ uz istabu, saziņai ar Dievu. Pirts ir kļuvusi par neatņemamu manas nošķirtības sastāvdaļu.

Un tā, kādu dienu caur pielūgsmi es iegāju dziļi Dieva klāt-
būtnē, Viņa godībā, Vissvētākajā vietā. Pēkšņi šajā stāvoklī es skaidri
sadzirdēju Dievu sakām: "Ej uz pirti!" Nodomāju: "Nesapratu! Kā
tas ir? Vai varētu būt, ka Dievs piemin mazgāšanu ūdenī, par kuru
apustulis Pāvils rakstīja savā vēstulē Efeziešiem (5:26)?" Tā nu es
sēdēju un apdomāju dzirdēto, kad pēkšņi garā atkal dzirdēju: "Ej
taču uz pirti galu galā!" Man jau iepriekš bija līdzīga pieredze, kad
Dievs mani sūtīja no Savas klātbūtnes kaut ko darīt (es to esmu
aprakstījis citās grāmatās). Tāpēc es sapratu, ka šim vārdam sekos
kaut kāda misija. Tātad Viņš gribēja tur kaut ko paveikt caur mani.

Kad izeju no šāda stāvokļa, es kļūstu ļoti jutīgs pret visām
skaņām un kustībām. Man šķiet, ka visapkārt dārd. Ja man blakus
ir kāds cilvēks, es skaidri dzirdu viņa skaļo elpošanu. Es pievēršu
uzmanību pat vissīkākajām detaļām. Es nezinu par citiem, bet man
ir grūti pēkšņi atgriezties no garīgās realitātes fiziskajā realitātē.

Tāpēc, vēl neatstājis Dieva klātbūtni, es paņēmu šortus un
devos lejā uz trešo stāvu, kur bija pirts. Iegāju tvaika pirtī, bet tur
neviena nebija... "Te tev nu bija! – Es sarūgtināts nopūtos – Vai
es kaut ko sajaucu? Vai tā varētu būt miesas, nevis gara balss?" Pēc
brīža durvis atvērās, un ienāca vīrietis ar lielu ķermeņa uzbūvi. Viņš
smagi elpoja, un viņa gaita man šķita nedaudz dīvaina: vai nu viņš
bija piedzēries, vai viņam bija grūti pārvietoties, vai arī es biju pirtī
pārmērīgi uzgriezis siltumu.

Vīrietis apsēdās un pirmais sāka runāt.

— Nu, cik daudz naudas tu šeit pazaudēji?

Šai viesnīcai bija piebūvēts kazino. Visticamāk, cenas bija
zemākas nekā parasti, cerot, ka apmeklētāji tērēs naudu kazino.

— Es nespēlēju kazino, – es atteicu.

— Jā? Un ko tu šeit dari?

— Es šeit pavadu laiku kopā ar Dievu.

Mana atbilde viņu apmulsināja. Jo, pirmkārt, es nespēlēju kazino kā citi; otrkārt, es pavadīju laiku ar Dievu, un, treškārt, es sēdēju pirtī un runāju par Dievu. Kaut ko tādu viņš noteikti negaidīja šeit redzēt! Vīrietis pakasīja pakausi un ar smīnu jautāja:

— Nu, un ko tad Dievs tev teica?

— Tu tam neticēsi! Teica, lai nāku šurp.

Viņš smējās un jautāja:

— Kāpēc?

— Es domāju, ka tevis dēļ.

— Manis dēļ?

— Jā, Viņš droši vien tevi ļoti mīl un zina, ar ko tu cīnies savā dzīvē, no kā ciet un par ko tu Viņam jautā... Tāpēc arī Dievs mani izvilka no lūgšanas un atveda uz pirti, lai tu man jautātu, un es tev atbildētu.

Tad vīrietis pēkšņi izmeta:

— Dieva nav. Tas viss ir muļķības!

— Tu vari uzskatīt, kā gribi. Taču es tev saku to, ko Dievs man teica. Es esmu pārliecināts, ka tavā dzīvē ir kaut kas tāds, kā dēļ Dievs man teica, lai nāku šurp...

Un tad man atnāca zināšanas vārds, un es sāku viņam stāstīt konkrētas lietas par problēmām viņa ģimenē un par viņa muguru.

Vīrietis atkal iesmējās un turpināja rīkoties tā, it kā viņam būtu vienalga, nekas viņam nesāpētu un viss būtu kārtībā... Mūsu saruna neturpinājās, un mēs klusumā tvaicējāmies. Es tur pasēdēju vēl nedaudz. "Laikam jau esmu pateicis, ko Dievs gribēja," es nolēmu un izgāju no tvaika pirts. Ejot ārā, vīrietis piekērās man, ģērbdamies pa ceļam, un teica:

— Ejam uz manu mašīnu.

Es pārsteigts paskatījos uz viņu: "Kas ar viņu pēkšņi noticis?"

Un viņš atkal saka:

— Nāc man līdzi, lūdzu!

— Kāpēc?

— Sapratīsi vēlāk.

Mēs izgājām ārā un iekāpām viņa vecajā pikapā. Viņš man pastāstīja par nopietnām problēmām ģimenē, kura virzās uz šķiršanos. Tad viņš uzskaitīja garu savu slimību sarakstu. Vēl pirtī man bija zināšanas vārds par viņa problēmām mugurā un ģimenē, tikai tad, kad es viņam par to jautāju, viņš nebija atvērts un negribēja runāt, bet izturējās tā, it kā ar viņu viss būtu kārtībā. Izrādās, ka patiesībā viņš mocījās savā dvēselē un viņu mocīja trakas muguras sāpes, kuru dēļ viņš nevarēja normāli pārvietoties.

Tad vīrietis kautrīgi piebilda:

— Es vairs nevaru viņus izturēt! Vai vari lūgt par mani?

— Bet vai tu esi gatavs pieņemt Jēzu par savu Kungu?

Viņš atbildēja:

— Zini, es visu laiku par to smējos. Bet šodien, kad tu man

teici, ka atnāci pie manis...

Es nekad mūžā neko tādu neesmu dzirdējis! Es nekad negaidīju, ka dzirdēšu par Dievu pirtī un tik vienkārši. Neviens man nekad nav teicis, ka Dievs kādu ir sūtījis manis dēļ, jo Viņš mani mīl un redz manas mokas un grib man atbildēt... Kad tu man to teici, ārēji es smējos par tevi, bet iekšēji sāku raudāt. Tāpēc es pieķēros tev un uzaicināju tevi savā automašīnā. Es gribēju, lai tu aizlūdz par mani mašīnā.

Mēs sākām lūgt, un viņš pieņēma Jēzu savā sirdī, un tad Dievs viņu izdziedināja. Viņam aizgāja tās trakās sāpes! Mēs vēl nedaudz parunājām, un es svētīju viņa ģimeni un viņa turpmāko dzīvi. Ja vien tu zinātu, ko Dievs izdarīja vēlāk viņa dzīvē! Taču tas nav tas, par ko runājam. Es gribu vērst tavu uzmanību uz kaut ko citu. Kad es atgriezos savā lūgšanu telpā, es jutu, ka esmu pacēlies pilnīgi jaunā pielūgsmes līmenī. Paklausība Dieva balsij atraisīja Viņa kundzību manā dzīvē. Tas, ko es darīju, bija Dieva pielūgšana. Jā, pielūgsme izpaužas ne tikai dziesmās un lūgšanās. Pirmkārt, tā izpaužas paklausībā Viņa balsij.

Dažreiz man jautā: "Kā sasniegt lielāku Dieva kundzību savā dzīvē?" Jo vairāk mēs paklausīsim Viņa balsij, jo vairāk Viņa kundzība mūsu dzīvē tiks atbrīvota. Viņa balss tiek sadzirdēta Viņa klātbūtnē, un Viņa balss nes Viņa vadību. Viņš ved mūs pie klusiem ūdeņiem, lai mēs varētu Viņu dzirdēt, un vada mūs pa taisnības takām Viņa Vārda dēļ.

# Uzdevums

Noliec sevi, lai iemācītos dzirdēt Dieva balsi. Dažreiz Viņa vadība sākas ar domu, kas pēkšņi tev izgaismojas. Un ar domu nāk ātra sirdsdarbība un vēlme kaut ko izdarīt, tu saproti, ka tā nav tikai parasta doma. Šī doma mudinās tevi rīkoties, bet tajā pašā laikā jutīsi mieru. Tu varbūt sāksi sev jautāt: "Vai gan man izdosies? Es to nekad neesmu darījis. Vai tiešām man ir jāsper šis neprātīgais solis?" – vai kaut ko tamlīdzīgu. Šī doma tevi kādu laiku neatstās. Kad doma nāk pie tevis ar šādu impulsu un tava sirds sāk pukstēt īpašā veidā, tu saproti, ka Dievs dod tev iespēju kaut ko izdarīt Viņa labā, bet Viņš tevi nepiespiež, nespiež un nekontrolē. Tev ir brīva griba, un izvēle ir atkarīga vienīgi no tevis.

Tu jautāsi: "Kā es varu zināt, ka šī ir Dieva balss, nevis manas domas?" Pārbaudi. Ja tu dari to, ko dzirdēji, un atnāk panākumi, tad tas bija no Dieva. Un, ja nav pozitīva rezultāta, tad tas bija miesas darbs vai maldināšana no sātana. Mācies un trenējies! Tā ir garīga māksla! Pārbaudi visu, stingri turies pie tā, kas ir labs, un tādā veidā tu iemācīsies atpazīt Dieva balsi. Arī es esmu pieļāvis daudz kļūdu un darījis lietas pēc miesas, domājot, ka Dievs man to ir uzticējis. Es atzīstu savas kļūdas un turpinu meklēt Viņa balsi. Un es neapstāšos!

Atceries gadījumus, kad paklausība Dieva balsij tevī, padarīja par iespējamu to, kas šķita neaizsniedzamas. Pieraksti šīs liecības sev – tās nostiprinās tavu ticību.

_____

_____

_____

_____

_____

_____

_____

_____

_____

# IEGREMDĒŠANĀS SLEPENAJĀ KAMBARĪ

Pavadi nākamās 15 minūtes, lūdzoties mēlēs, un pēc tam 15 minūtes vienkārši gaidi uz To Kungu mierā un klusumā. Ieklausies Dieva balsī, tajā, ''ko Viņš sacīs tevī''.

_____

_____

_____

_____

# NE NO ŠĪS PASAULES

_____

_____

_____

_____

_____

_____

_____

_____

_____

# Viņa vadība ir Viņa balsī

## 4. DIENA

# 92. psalms

[1] Dziesma. Sabata dziesma.

[2] Laba lieta ir Tam Kungam pateikties un dziedāt Tavam Vārdam, Tu Visuaugstākais,

[3] paust rītos Tavu žēlastību un naktīs Tavu uzticību

[4] ar desmit stīgu cītaru un arfu, ar cītaras maigajām skaņām.

[5] Jo Tu, Kungs, mani esi iepriecinājis ar Savu darbu, es gavilēju par to, ko Tava roka dara.

[6] Cik lieli ir Tavi darbi, ak, Kungs, cik ļoti dziļas Tavas domas!

[7] Tik nejēga to nesaprot, un nelga to neņem vērā!

[8] Ja bezdievji zaļo kā zāle un visi ļaundari zied, tad tomēr viņi tiks izdeldēti uz mūžu mūžiem.

[9] Bet Tu, Kungs, esi tas augstākais mūžīgi!

[10] Jo patiešām Tavi ienaidnieki, Kungs, tiešām Tavi ienaidnieki iet bojā, visi ļaundari tiek izkliedēti.

[11] Bet Tu paaugstini manu ragu kā meža vērša ragu; Tu mani svaidi ar svaigu eļļu.

[12] Mana acs raugās priecīgi uz maniem ienaidniekiem, un manas ausis iepriecinās vēsts par to ļauno ļaužu likteni, kas pret mani saceļas.

[13] Taisnais zaļo kā palma, aug kā Libanona ciedrs;

[14] dēstīti Tā Kunga namā, viņi zaļo mūsu Dieva pagalmos.

[15] Vēl vecumā viņi nes augļus, ir sulīgi un zaļi,

[16] lai paustu, ka Tas Kungs ir taisns, mana patvēruma klints, un tajā nav netaisnības.

VAI ESI PIEVĒRSIS UZMANĪBU TAM, *ka namā stādītie augi...* *zied pagalmos* (Psalmi 92:14)? Pravietiski runājot, stādītie ir tie, kas sevi ir ievietojuši namā, tas ir, Dieva klātbūtnē. Ievēro, ka viņi neapmeklē Viņa namu, bet ievieto sevi Viņa namā, tas ir, viņi paliek Viņa klātbūtnē un dara visu no Viņa klātbūtnes. Kāds būs rezultāts? Redzami augļi. Tu esi stādīts namā, bet tu ziedi pagalmos. Tu esi iestādīts Viņa klātbūtnē, un tu uzplauksti redzamajā pasaulē.

15. pantā ir teikts, ka *"vēl vecumā viņi nes augļus, ir sulīgi un zaļi"*. Citiem vārdiem sakot, spēks, svaigums un spēja nest augļus nav atkarīga no tava vecuma – esi jauns vai vecs –, bet gan no tā, kur esi iestādīts. Cilvēks, kurš aug tuvībā ar Dievu un kurš ir sevi novietojis Viņa klātbūtnē, Dieva mūžīgajā dabā, redzamajā pasaulē būs kā pie ūdens straumēm stādīts koks, kura lapas nenokalst un kurš nes augļus savā gadalaikā, un viss, ko viņš dara, tam izdodas (skat.: Psalms 1:3).

Ja vēlies redzēt augļus savā dzīvē, tev nav jāaudzē augļi, bet tev ir jāsāk no pamatiem, no Dieva klātbūtnes – tas ir primārais. Kāpēc tas ir svarīgi? Tāpēc, ka Viņa balss ir dzirdama Viņa klātbūtnē. Viņa balsī slēpjas Viņa vadība. Un, paklausot Viņa balsij, tu gūsi panākumus un redzēsi augļus savā dzīvē.

Kad es biju jauniešu mācītājs, mēs ar komandu sestdienās pasākām doties uz pilsētas centru, lai evaņģelizētu un lūgtu par garāmgājējiem. Mēs zinājām, ka Tā Kunga uzdevums ir doties pie neglābtajiem un nest viņiem Labo Vēsti, tomēr, godīgi sakot, mēs neredzējām skaidrus augļus no šīs kalpošanas. Cilvēki reaģēja atšķirīgi, un nebija Dieva godības liecību. Tas mani satrauca.

Vienā no šīm sestdienām es braucu mašīnā un sāku konkrēti par to lūgties: "Dievs, kas ir nepareizi? Mēs tik daudz staigājam un strādājam, pildot Tavu pavēli... Tu taču teici, lai nesam Labo Vēsti, un lūk mēs ejam, bet nav augļu. Parādi man, kā to redzi Tu? Ko mēs darām ne tā?" Es joprojām par to lūdzu, kad pēkšņi manā priekšā parādījās liela kravas automašīna no *Target* veikala ar lielu sarkanu mērķi tās aizmugurē. Es braucu, un skatījos tieši uz mērķi, un iekšpusē es dzirdēju balsi un sapratu, ka tā ir Dieva atbilde uz manu lūgšanu. Svētais Gars runāja uz mani: "Labās Vēsts sludināšana un izplatīšana ir kopīga misija, pavēle visiem, bet, ja tu iemācīsies dzirdēt Manu balsi šajā misijā, tu trāpīsi tieši mērķī, un tad parādīsies augļi." Tad lūk, kas! Es sapratu, ka nav jāmētājas apkārt, tērējot sevi visādiem ceļojumiem un projektiem, lai arī cik svarīgi tie šķistu, bet jābūt Dieva Gara vadītam katrā misijā. *"Ja tu dzirdēsi Manu balsi un zināsi, kā un kur Es tevi virzu sludināt Evaņģēliju, tu trāpīsi mērķī"*, atkārtoja Svētais Gars. Un es sapratu, ka savā evaņģēliskajā kalpošanā es pastāvīgi "šauju pa malām", bet garām mērķim.

Tā nu es ierados baznīcā, kur mēs pulcējāmies pirms došanās uz pilsētu, un es uzreiz vērsos pie sava drauga Sergeja, kurš tajā laikā bija jaunatgrieztais, bet tagad, starp citu, ir mūsu *Uguns Liesmas* draudzes mācītājs. Es viņam teicu: "Sergej, mēs sadalāmies grupās, un tu nāc kopā ar mani. Tikai šodien mēs visu darīsim citādi. Es jūtu, ka Dievs man kaut ko ir parādījis." Pēc lūgšanas visi sadalījās grupās, un mēs ar Sergeju braucām uz Balto namu pilsētas centrā. Tur ir parks, kurā vienmēr pastaigājas cilvēki.

Kad mēs ieradāmies parkā, es viņam teicu: "Mēs staigāsim netālu viens no otra un lūgsim garā, līdz sadzirdēsim, ko Dievs mums saka."

Šādi pagāja trīsdesmit minūtes. Pēkšņi vienlaicīgi mēs pamanījām meksikāni, kurš sēdēja viens pats zem koka. Mēs paskatījāmies uz viņu, tad viens uz otru un sapratām, ka Dievs mūs vada pie viņa.

Mēs piegājām pie cilvēka, sasveicinājāmies, un es teicu: "Lai tas tev neizklausās dīvaini, bet Dievs mums norādīja uz tevi, lai mēs kopā ar tevi palūgtu un pastāstītu tev par Jēzu." Es nesāku attālināti, tā viņam visu uzreiz arī pateicu. Pirms es beidzu runāt, viņš nolaida galvu un sāka raudāt. Es tikai gribēju viņam pajautāt, kas ir nepareizi, kad viņš mani pārtrauca:

— Es vēlos, lai jūs dzirdētu manas dzīves stāstu.

Ar pūlēm saņemot sevi rokā, viņš sāka stāstīt:

Es dzīvoju Sanhosē, Kalifornijā. Pirms astoņiem mēnešiem viss manā dzīvē sāka brukt. (Tas bija 2008. gads, kad sākās valsts nekustamā īpašuma krīze.) Sanhosē mums bija milzīgs tirgus sabrukums. Tajā laikā man bija viss: plaša māja, labi apmaksāts darbs, ģimene, bērni. Mums nekas netrūka. Bet, kad notika ekonomiskais sabrukums, mani nekavējoties atlaida no darba. Nākamo trīs mēnešu laikā visi mūsu ietaupījumi beidzās. Visu šo laiku es meklēju darbu, taču nesekmīgi. Drīz es nevarēju samaksāt par māju, kuru biju nopircis uz kredīta, un banka to atņēma. Mēs atradāmies uz ielas. Tajā pašā laikā manam tēvam tika diagnosticēts vēzis. Es par viņu rūpējos, cik spēju, bet jau drīz viņš nomira. Tas man bija briesmīgs zaudējums! Es sāku nodarboties ar tēva bērēm, kamēr man vēl nebija darbs uz pilnu slodzi. Mana sieva to vairs nevarēja panest: viņa paņēma bērnus un aizbrauca uz Sakramento. Dažu mēnešu laikā es zaudēju visu: darbu, savas mājas, tēvu, sievu un savus bērnus.

Pirms divām nedēļām es mēģināju sevi nogalināt, pārgriežot vēnas. Es joprojām nezinu, kas mani izglāba... Es tikai atceros, kā pamodos slimnīcā, un pirmie vārdi, ko es teicu, bija: "Dievs, kāpēc Tu ļāvi man dzīvot? Es gribu nomirt, man dzīvē nav mērķa! Kam es esmu vajadzīgs? Ja Tu eksistē, kāpēc Tu klusē?"

Kad mani izrakstīja no slimnīcas, es sazinājos ar savu sievu un ierados šeit, Sakramento, lai satiktu bērnus. Manai sievai viņi jāatved uz šejieni. Tāpēc es sēžu šeit un gaidu viņus, un es skatos uz debesīm un saucu sevī: "Dievs, ja Tu esi, atbildi man! Kas Tu esi? Kāpēc Tu mani esi atstājis dzīvot? Kāda ir manas dzīves jēga?" Un šajā brīdī, kā ne no kurienes, jūs abi parādāties manā priekšā. Jūs vienkārši pārtraucāt manas domas un teicāt, ka Dievs jūs ir sūtījis pie manis, lai pastāstītu man par Jēzu un lūgtu par mani..."

Kad viņš to visu stāstīja, asaras tecēja pār viņa vaigiem.

— Ko man darīt? – Viņš jautāja, smagi nopūšoties.

— Nu, vispirms tev ir jāpieņem Jēzus kā savs Kungs un Glābējs.

Mēs sākām lūgt, un viņš pieņēma Jēzu savā sirdī. Pēc tam mēs lūdzām par pilnīgu viņa ģimenes, viņa likteņa un Dieva likteņa atjaunošanu viņa dzīvei. Mēs runājām ar viņu, atbildējām uz viņa jautājumiem un pamācījām viņu ticībā. Drīz ieradās viņa sieva un bērni, un mēs apmainījušies ar tālruņa numuriem, atvadījāmies.

Pēc dažām nedēļām Sergejs sazinājās ar viņu, un viņš izstāstīja apbrīnojamu liecību par to, kā Dievs ir atjaunojis viņa ģimeni un devis viņam dzīves mērķi. Slava Tam Kungam! Bet es gribu uzsvērt sekojošo. Kad es tajā dienā gāju mājās, man acu priekšā joprojām bija šī "Mērķa" zīme, un es pēkšņi sapratu: tas ir tas, ko nozīmē trāpīt mērķī! Panākumi (augļi) ir saistīti ar paklausību Dieva balsij, ne tikai mūsu centieniem. Viņa balss vada, sniedz norādījumus un izpratni par to, ko, kā un kad darīt, lai sasniegtu mērķi. Un Dievu tas interesē pat vairāk nekā mūs.

Mums ir jāsaprot, ka Dievs sāk mūs mācīt ar visvienkāršākajiem soļiem, kas mums šķiet nenozīmīgi vai nesvarīgi. Jautājums nav par to, vai uzdevums ir mazs vai liels, bet gan par to, ka tu mazumā mācies būt paklausīgs Dieva balsij. Piemēram, tu dzirdi, kā Viņš tev saka: "Ej, nomazgā traukus." Un runa nav par traukiem, lai gan, protams, tīriem traukiem sekos sievas vai vecāku pateicība. Lieta ir tajā, ka esi dzirdējis Dieva balsi un neesi to ignorējis. Tas ir ļoti svarīgi, jo Dievs attīsta tavu jutīgumu pret Viņa balsi un māca tev būt paklausīgam Viņa vadībai ikdienas situācijās.

Es atceros, kā nesen piegāju pie savas mašīnas un Dievs man teica: "Tu sen neesi atvēris durvis savai sievai." Es strauji pagriezos un kā aizdedzies skrēju pie viņas, lai atvērtu durvis. Paspēju! Un jēga nebija pašā darbībā, bet gan manā paklausībā Dieva balsij, jo Viņš pārbaudīja manu reakciju uz Savu uzdevumu. Daži to uzskatīs par sīkumu un gaidīs, kad Dievs tiem dos kaut ko lielu. Diemžēl Tas Kungs tev neuzticēs neko dižēnu, ja tu vispirms neiemācīsies Viņam paklausīt mazās lietās! *Kāpēc tas ir svarīgi?* Reiz Dievs man teica: "Es tevī izstrādāju ātru reakciju uz Maniem vārdiem, lai kad tu Man būsi vajadzīgs, tu varētu Mani sadzirdēt pat miegā. Kad tu Man būsi vajadzīgs, Es gribu būt pārliecināts, ka varu uz tevi paļauties. Es zināšu, ka, ja es teikšu Pēterim, Viņš nesadzirdēs, es pateikšu Marijai, viņa nesadzirdēs... citi Mani nesadzirdēs, bet, kad Es tev pateikšu, tev būs momentāla reakcija uz Manu balsi.

Es gribu zināt, ka man ir cilvēks, kurš skaidri dzird Manu balsi un bez vilcināšanās dara to, ko Es viņam saku."

# Uzdevums

Nepalaid garām Dieva balsi! Kad tu jūti Viņa balsi kā impulsu savā garā, nepamet novārtā pat vismazākos uzdevumus. Viņš sāks tevi mācīt ar vienkāršo: novāc, nopērc, palīdzi, piezvani, atdodi, nāc, pastāsti... Šie soļi attīstīs tavu jūtīgumu pret Dieva balsi un ātru reakciju uz to. Tāpēc pievērs uzmanību pamudinājumiem sevī.

_____

_____

_____

_____

_____

_____

_____

_____

_____

_____

# IEGREMDĒŠANĀS SLEPENAJĀ KAMBARĪ

Pavadi nākamās 15 minūtes, lūdzoties mēlēs, un pēc tam 15 minūtes vienkārši gaidi uz To Kungu mierā un klusumā. Ieklausies Dieva balsī, tajā, "ko Viņš sacīs tevī".

_____

_____

_____

_____

_____

_____

_____

_____

_____

_____

_____

_____

_____

_____

# Lasi Burtus Līdz Ar Tevi Sāks Runāt Vārds

## 5. DIENA

# 1. psalms

*Dāvida psalms*

¹ Svētīgs tas cilvēks, kas neseko bezdievīgo padomam, nedz staigā grēcinieku ceļus, nedz arī sēž paļātāju pulkā,

² bet kam prāts saistās pie Tā Kunga baušļiem un kas dienām un naktīm domā par Viņa bauslību.

³ Tāds ir līdzīgs kokam, kas stādīts pie ūdens upēm, kas savus augļus nes pareizā laikā un kam lapas nesavīst. Viss, ko viņš dara, tam labi izdodas.

⁴ Ne tādi ir bezdievīgie: tie ir kā pelavas, ko vējš aizpūš projām.

⁵ Tāpēc bezdievīgie nepastāvēs tiesā, nedz arī taisno draudzē grēcinieki,

⁶ jo Tas Kungs pazīst taisno ceļu, bet bezdievīgo ceļš ved uz postu.

M AN BIEŽI JAUTĀ, KĀ ES lasu Bībeli.

Es atbildu:

— Es esmu tajā. Es iemācījos dzīvot tā, lai es visu laiku varētu atrasties Vārdā. Kā es atvēru Bībeli pēc grēku nožēlošanas, tā es to neesmu aizvēris līdz pat šai dienai.

— To pašu tekstu, ko mēs esam lasījuši daudzas reizes, tu paskaidro citādi, tādā veidā, kādu mēs vēl neesam redzējuši. Kā jālasa Bībeli, lai saprastu Dievu?

Ļaujiet man atbildēt:

— Lasi burtus, līdz iegāzīsies vārdā!

Es bieži citēju šo frāzi, jo reiz to dzirdēju no Dieva: "Lasi burtus, līdz tu iegāzīsies vārdā un vārds sāks ar tevi runāt." Tagad es dzīvoju pēc šī principa.

Ņem vērā, ka burts (rakstītais teksts) un vārds nav viens un tas pats. Bībeli lasa daudzi cilvēki. Un daudzi zina Svēto Rakstu pantus no galvas un var pat citēt veselas nodaļas, taču ar to nepietiek. Rakstu mācītāji un farizeji arī lasīja Svētos Rakstus un zināja daudzus tekstus no galvas, taču tas tos neizmainīja – viņi nezināja vārdu, un vārds nebija viņos. Burts tevi nemainīs – tevi izmainīs vārds! Es teikšu vairāk: tas, ka tu apmeklē baznīcu un jūti Svētā Gara klātbūtni, tevi neizmainīs. Tikai vārds spēj tevi izmainīt! Kāds man iebildīs: *"Andrej, kā tu vari tā teikt? Svētā Gara klātbūtne maina cilvēku."*

Ļauj man paskaidrot. Radīšanas sākumā, kad zeme bija bez formas un tukša, Dieva Gars pārvietojās pār ūdeņiem (skat.: 1.Mozus 1:2), tas ir, Dieva klātbūtne bija tur. Tajā pašā laikā zeme palika bezveidīga un nekas nemainījās, līdz Dieva Vārds iznāca no šīs klātbūtnes! Tādā pašā veidā cilvēki tagad var sajust Svētā Gara klātbūtni, bet tajā pašā laikā viņu dzīvē turpinās haoss un nekas nemainās, jo Svētais Gars darbojas sadarbībā ar vārdu. Tas nav burts vai pat Dieva klātbūtne, kas nes pārmaiņas, bet gan dzīvais Dieva Vārds!

> *Iesākumā bija Vārds, un Vārds bija pie Dieva, un Vārds bija Dievs. Tas bija iesākumā pie Dieva.* **Caur Viņu viss ir radies**, *un bez Viņa nekas nav radies, kas ir.*
>
> *Jāņa 1:1–3*

Radīšanas sākumā nebija Bībeles, bet gan dzīvais Dieva vārds, caur kuru viss radās. Dievs radīja ar Savu Vārdu. Dieva Vārds nav tikai informācija, tas ir gars un dzīvība (skat.: Jāņa 6:63). Tas ir Viņa bagātību un gudrības bezdibenis. Vārdā ietverta Viņa mūžīgā daba, kurā tu iegremdējies.

*Ko nozīmē lasīt burtus, līdz vārds tevi uzrunās? Kā tas praktiski notiek?*

Reiz lūgšanā man tika dota vīzija. Mikroviļņu krāsnī ievietoja popkorna graudus un ieslēdza siltumu. Es vēroju, kā viss iekšā sāka griezties un sakarst, un kādā brīdī popkorns sāka šaut, eksplodēt un atvērties.

Pēc tam Svētais Gars man sāka skaidrot, ko nozīmē tas, ko es biju redzējis: "Sausie popkorna graudi ir kā burts. Mikroviļņu krāsns attēlo tavu iekšieni. Tam vienmēr ir jāsavienojas ar Manu temper-atūru, lai katru reizi, kad tu lasi Rakstus, tie atdzīvotos tevī." – "Kā tas ir? Kā pieslēgties?" – es jautāju. "Tā ir lūgšana garā." Svētais Gars dzīvo tevī, lai atdzīvinātu vārdu, kuru tu lasi. Tāpēc, ja vēlies, lai Vārds tevī atdzīvojas un esi tajā iegremdēts, vienmēr apvieno gara lūgšanu ar Vārda lasīšanu. Viņa Vārds ir gars un dzīvība. Tev ir nepieciešama Svētā Gara klātbūtne, lai Vārds atdzīvotos tavā dzīvē. Tāpēc lūdzies garā un paliec Svētajos Rakstos, līdz Svēto Rakstu teksti sāk "eksplodēt iekšienē", atdzīvojas līdz brīdim, kad vārds runā ar tevi. Kad Vārds atdzīvojas tavā iekšienē, tas sāk koriģēt, atmaskot, vadīt, pamācīt, iedrošināt – tas kļūst par gaismekli, kas apgaismo tevi no iekšienes.

Cilvēki bieži vēlas iegūt zināšanas un atklāsmes, bet viņi neko neliek sevī. Tāpēc paliec pie Svētajiem Rakstiem: lasi burtu, meditē un lūdzies ar garu, lai tu varētu sevi stiprināt un ļaut Svētajam Garam dot dzīvību vārdam, kuru lasi.

Iepriekš citētajā psalmā ir rakstīts: *"...Bet kam prāts saistās pie tā Kunga baušļiem un kas dienām un naktīm domā par Viņa bauslību."* (Psalmi 1:2) Patiesībā tu nespēsi dienu un nakti domāt par burtu – tu to drīz aizmirsīsi! Bet, ja tevi uzrunās Vārds, tu nevarēsi nedomāt par to – tu pastāvīgi būsi pārsteigts par to, ko Dievs ir atklājis, parādījis, pateicis... Tu būsi tik ļoti aizrāvies ar šīm atklāsmēm, ka sāksi tās apdomāt dienu un nakti. Tas ir stāvoklis, dzīvesveids, par kuru tiek runāts pirmajā psalmā. Un tu zini, kas ar tevi notiks? Tu kļūsi kā koks, kas stādīts pie ūdens upēm, un kam lapas nesavīst.

Es par to daudz nerakstīšu, lai dotu tev iespēju praktizēt šos principus un iegremdēties dzīvajā Dieva Vārdā.

# Uzdevums

Vai gribi, lai Dievs ar tevi runā? Viņš lieto Savu Vārdu, tāpēc ļauj tam bagātīgi mājot tevī, lai Svētais Gars varētu to atdzīvināt.

1. Lasi Bībeli nevis nejauši, bet pēctecīgi. Piemēram, virzoties no Mateja Evaņģēlija uz Atklāsmes Grāmatu. Tad atgriezies pie Mateja Evaņģēlija un vēlreiz virzies līdz Atklāsmes Grāmatai. Paliec daudz Jēzus vārdos.

2. Lasi katru Bībeles grāmatu pilnībā: Mateja, Marka, Lūka, Jāņa... Nelasi fragmentus vai nodaļas, lasi grāmatu, jo katrai no tām ir noteikta koncepcija. Neizplēs nodaļas no Grāmatas. Neizņem domas no koncepcijas. Ja sāksi lasīt Rakstus pa Grāmatām, tu iemācīsies domāt koncepcijās, nevis citātos, kas izrauti no teksta. Un, kad Svētais Gars tev atgādina kādu Svēto Rakstu pantu, tu to redzēsi visas mācības kontekstā kā daļu no visas Dieva koncepcijas.

3. Neieciklējies uz to, cik daudz nodaļu esi izlasījis šodien. Koncentrējies uz to, lai Vārds runātu ar tevi. Kā? Lasi Rakstus Dieva klātbūtnē, katru reizi lūdzot Svēto Garu runāt ar tevi caur šo Vārdu, dot tam dzīvību, lai Rakstu panti tev atdzīvotos, un tu sāktu "redzēt", ko Vārds saka. Lūdz, lai Dievs apgaismo tavas sirds acis, lai saprastu Svētos Rakstus. Tas ir ļoti, ļoti svarīgi!

4. Mērķis nav lasīt Bībeli, bet lai Bībele mājotu un atdzīvotos tevī, lai Vārds tevi uzrunātu, un tu sāktu domāt ar Vārdu. Lasi, līdz Svēto Rakstu teksti atdzīvojas tevī un tu jūti, ka Dievs ir runājis ar tevi, atklājot tev Vārda dziļumus.

_____

_____

_____

_____

_____

_____

_____

_____

_____

_____

_____

_____

# IEGREMDĒŠANĀS SLEPENAJĀ KAMBARĪ

Pavadi nākamās 15 minūtes, lūdzoties mēlēs, un pēc tam 15 minūtes vienkārši gaidi uz To Kungu mierā un klusumā. Ieklausies Dieva balsī, tajā, "ko Viņš sacīs tevī".

# NE NO ŠĪS PASAULES

_____

_____

_____

_____

_____

_____

_____

_____

_____

_____

_____

_____

# Slavēšanas spēks

## 6. DIENA

# 8. psalms

[1] Dziedātāju vadonim. Dāvida dziesma uz gitita.

[2] Kungs, mūsu valdniek, cik augsti godājams Tavs Vārds visās zemēs! Tava varenība sniedzas debesu augstumos!

**[3] No bērnu un zīdaiņu mutes Tu Sev esi izveidojis pretspēku Saviem pretiniekiem, lai liktu apklust Saviem naidniekiem un atriebējiem.**

[4] Kad es redzu Tavas debesis, Tavu roku darbu, mēnesi un zvaigznes, ko Tu esi radījis,–

[5] kas gan ir cilvēks, ka Tu viņu piemini, un cilvēka bērns, ka Tu viņu uzlūko?

[6] Tikai mazliet Tu viņu esi šķīris no Dieva, ar godību un varenību Tu viņu esi pušķojis,

[7] esi to darījis par valdnieku pār Saviem radījumiem, visu Tu esi nolicis pie viņa kājām:

[8] avis un vēršus visnotaļ, arī lauku zvērus,

[9] putnus zem debesīm un zivis jūrā, un dzīvību, kas jūras dzelmju tekas izlodā.

[10] Kungs, mūsu valdniek, cik goda pilns ir Tavs Vārds visā pasaulē! (autora izcēlums)

REIZ, ACĪMREDZOT PUSAUDŽA GADOS, ES savainoju mugurkaulu, un pēc tam, ja ilgi sēdēju, man parādījās sāpes mugurā. Turklāt es nevarēju nolaist galvu – saspiedās nervs, un mani caururba asas sāpes kaklā un mugurā. Es devos pie ģimenes ārsta, manuālā terapeita un masāžas terapeita. Viņi mani pārbaudīja, bet tā arī nevarēja man palīdzēt vai pat noteikt cēloni. Būtībā tas man netraucēja normāli kustēties un dzīvot. Es vienkārši nenoliecu galvu, lai slēptu muguras problēmu, un es varēju izkļūt no jebkuras situācijas, bet ne frizētavā. Katru reizi, kad man grieza matus, frizieris mani lūdza noliekt galvu. Man bija kauns atzīt, ka es nevaru noliekt galvu, un es biju ar mieru vispār negriezt matus. Kad es beidzot nolaidu galvu, mani caururba stipras sāpes mugurā, un es to izturēju tik ilgi, cik vien spēju, lai gan pilnībā nolaist zodu tā arī nevarēju. Tas turpinājās ilgu laiku.

Kad sāku pavadīt laiku ar Dievu slepenajā kambarī, es sēdēju nekustīgi, pielūdzu, noturēju savu uzmanību pie Viņa... un man parādījās asas sāpes mugurā.

Reiz, es joprojām atceros to vakaru un savu veco dzīvokli, nometos ceļos un sāku pielūgt Dievu. Un pēkšņi šajā ķermeņa stāvoklī man iesāpējās mugura. Šīs sāpes neļāva man pavadīt laiku ar Dievu, tāpēc manī cēlās naids pret velnu un dedzība pret Dievu. Tajā brīdī es nolēmu, ka nekas mani neapturēs, un manas uzslavas balss būs spēcīgāka par sāpju balsi. Caur šīm sāpēm es sāku skaļi pielūgt Dievu, slavējot Viņu. Es visu savu uzmanību veltīju Viņam. Četrdesmit minūtes es staigāju, slavējot Dievu. Es nelūdzu, lai Viņš mani dziedina. Es tikai godināju, slavēju Viņu, slavināju Viņu. Gribu atkārtot, ka es to darīju, jo sevī nolēmu, ka manas slavēšanas balss būs spēcīgāka par slimības un sāpju balsi. Neskatoties uz visu, koncentrēju visu savu uzmanību uz To Kungu, nevis uz muguru, tāpēc drīz vien aizmirsu par to. Es iegremdējos Dieva klātbūtnē, sajūtot Viņa godību ar visu savu ķermeni, un vienā brīdī sajutu, kā siltums iziet caur visu manu ķermeni. Tobrīd es nesapratu, kas ir noticis. Es biju Dieva sagūstīts un turpināju pavadīt laiku Vārdā.

Pēc pāris dienām es devos uz frizētavu. Jā, atkal griezt matus. Kad friziere sāka griezt matus pakausim, es automātiski noliecu galvu un pēkšņi sapratu, ka nejūtu nekādas sāpes. Tajā brīdī varēju brīvi pieskarties krūtīm ar zodu, neizjūtot nekādas sāpes! Tikai, kad es sēdēju friziera krēslā, es sapratu, kas ar mani ir noticis slavēšanas laikā, un sapratu, ka Dievs mani ir pilnībā dziedinājis. Aleluja!

Psalmā 8: 3 teikts: *"No bērnu un zīdaiņu mutes Tu sev esi izveidojis pretspēku saviem pretiniekiem, lai liktu apklust saviem naidniekiem un sāncenšiem"* Es gribu norādīt, ka šajā pantā ienaidnieki nav cilvēki, bet viss, kas ir pretrunā ar Dieva nodomu: slimības, verdzība, atkarības, bailes, nemiers, mazdūšība, nabadzība, lāsti un gari, kas neļauj tev piepildīt savu aicinājumu, kas saceļas pret taviem panākumiem, tavu tuvība ar Dievu. Dievs grib apklusināt jebkuru ienaidnieku. Tas nozīmē, ka Viņš spēj aizvērt muti katrai slimībai, nabadzībai, lāstam, stresam un bailēm tavā dzīvē. Ja slimības ir Dieva ienaidnieki, tad tās ir arī tavi ienaidnieki.

Es nezinu, ar ko tu saskaries un cīnies, kurā dzīves periodā atrodies. Slimība, atkarības, bailes, šaubas, apstākļi var kliegt tavā dzīvē. Tu pats nevari tikt galā ar tiem, bet ir princips, kas tev palīdzēs aizvērt ienaidniekam muti.

**Pirmkārt**, tavai mutei ir jāpaaugstina un jāsludina nevis problēma, bet turpretim Dievs – Viņa diženums un varenība, to, Kas Viņš patiesībā ir. Tad no šīs slavēšanas iznāks Tas Kungs un aizvērs muti ienaidniekiem, situācijām un apstākļiem, nabadzībai un slimībām.

**Otrkārt**, iemācies savādāk skatīties uz apstākļiem. Ir vārdi, kas dod vietu ienaidniekam tavā dzīvē. Tā vietā, lai sūdzētos un gaustos par to, cik tev ir grūti, cik noguris esi, lai cik viss ir slikti un bezcerīgi, pacenties rīkoties savādāk. Kā būtu, ja vērstu uzmanību no problēmas uz Dievu un sāktu slavēt Viņu par to, Kas Viņš ir? Dieva slavēšana aizvērs tavam ienaidniekam muti. Dari to visu laiku – ne tikai baznīcā, bet arī automašīnā, virtuvē, birojā vai futbola laukumā. Pamēģini aizmigt ar vārdiem: "Tu, Kungs, esi pāri visam! Tu esi svētais! Tu esi lielāks, nekā es varu iedomāties!" un pamosties, sacīdams: "Tas Kungs ir mans Gans, man netrūks nekas. Šo dienu radījis Tas Kungs! Es viņu slavēšu un priecāšos par savu Dievu!" Ko tad, ja šis slavēšanas stāvoklis ne tikai aizvērs ienaidniekam muti, bet arī izpaudīs Dieva spēku tavā dzīvē?

Es atcerējos piemēru, ko Dereks Prinss minēja vienā no saviem sprediķiem. Reiz viņa mājā ieradās vīrs un sieva. Vīram bija nepieciešama atbrīvošana. Kad sākās pielūgsme, vīrietis nevarēja tur atrasties. Viņš sāka vemt, viņu sāka kratīt un vērpt, un viņš skrēja uz izeju, lai aizietu no šīs mājas. Kad viņš jau bija durvīs, Dereks Prinss pienāca pie viņa un teica: "Ja tu iziesi no šīs slavēšanas, tad ienaidnieks (dēmons), kas tevi moka, paliks tevī. Bet, ja tu pieliksi pūles un paliksi šajā slavā, tad šis dēmons neizturēs un tevi pametīs." Vīrietis nolēma palikt, un slavēšanas laikā Dievs viņu pilnīgi atbrīvoja.

Sāc praktizēt slavēšanu savā dzīvē. Jo lielākas ir tavas zināšanas un atklāsme par to, kāds ir Dievs, jo lielāks ir tavas slavēšanas spēks.

Slavēšanas spēks ir atklāsmes balss par to, Kas ir Dievs! Atklāsme dabiski izraisīs slavēšanu, un tu nevarēsi neapbrīnot Dievu!

*Vai nezini, ar ko sākt?* Koncentrē visu savu uzmanību uz to, kāds ir Dievs. Tavai slavēšanai vajadzētu būt skaļākai par tavām iekšējām šaubām, domām un citām balsīm, tāpēc nečuksti. Neatkarīgi no cilvēkiem, pacel savu balsi un slavē Dievu! Sāc izteikt Viņam savu mīlestību. Citē tekstus no Rakstiem, kas runā par Viņa pilnvarām, kundzību un varenību. Vienkārši sāc Viņu pielūgt:

*Kungs, Tu esi mans Gans! Tu esi mana cerība un mana aizsardzība! Tu esi mans Dievs, mans Dziednieks un Atbrīvotājs. Tu esi patiesība un dzīvība. Tu esi maize, kas nākusi no debesīm. Tu esi Tas Kungs!*

Un tālāk, kad visa tava uzmanība ir koncentrēta uz Viņu, pieslēdz savu ķermeni! Ja Dievs radīja tavas kājas, ļauj tām slavēt To Kungu. Ja tavas rokas ir radījis Dievs, ļauj tām slavēt To Kungu. Ja tavas acis ir radījis Dievs, tad, kad tu pielūdz, tām nevajadzētu skatīties apkārt, bet uzlūkot Tā Kunga diženumu.

Daudzi ticīgie nekad nav sapratuši, kāpēc Dāvids dejoja. Deja arī ir slavas instruments. Deja ir spēcīgākā varas izpausme. Ir rakstīts: "...došu jums varu samīt čūskas un skorpionus un visu ienaidnieka spēku..." Kā būtu, ja, pielūdzot Dievu, dejojot, mēs pravietiski uzkāptu ienaidniekam un apliecinātu Tā Kunga pilnvaras, jo visi Viņa ienaidnieki ir novietoti zem Viņa kājām?

Mana deja ir slava Tam, Kurš ir mans Kungs, Glābējs, Atbrīvotājs, Dziednieks. Viņš vienīgais ir uzslavas vērts. Katru reizi, kad dejoju, es pravietoju, tāpēc nav tā, ka es deju atdošu Luciferam.

Es pielūdzu vienīgi Dievu To Kungu, un es kalpoju vienīgi Viņam. Dievam Tam Kungam!

Draugs, tu vai nu paliksi ar savu viedokli sausā atmosfērā, kas piepildīta ar spiedienu, negatīvismu, gara ciešanām un cilvēku nosacījumiem, vai arī tu kaut ko mainīsi, un viss kautrīgums, lepnums, bailes, iedomība, cilvēku viedokļi un visa greizsirdība izzudīs. Vai zini, kas tad atnāks? Tā Kunga godība.

Dejošana, karogi, aplaudēšana – tā nav tikai emociju izpausme. Nē, tas ir atklāsmes līmenis par to, kāds ir Dievs. Tajā iesaistītas ne tikai jūtas, bet arī ticība. Tikai saproti mani pareizi: es nespiežu visus uzspēlēti lēkāt, dejot un klaigāt, es tikai saku: neierobežo savu slavēšanu Dievam tikai tāpēc, ka tev tā ir iemācīts. Neierobežo uzslavas tikai ar dažiem gājieniem vai dažiem rīkiem:

> *Teiciet Viņu ar bazūnes skaņām, teiciet Viņu ar stabulēm un cītarām! Teiciet Viņu ar bungām un vijīgām dejām, teiciet Viņu ar stīgu un flautas skaņām! Teiciet Viņu ar skanīgiem zvārguļiem, teiciet Viņu ar gaviļu zvaniem! Visi, kam dvaša, lai slavē To Kungu! Aleluja!*

> *(Psalmi 150:3–6)*

Kādam baznīcā ir taures un ērģeles. Aleluja! Nenosodi viņus, ja viņi patiesi slavē Dievu! Nenosodi kādu, kurš slavina Dievu atšķirīgi no tevis. Lai trompetes, bungas, arfa, visi instrumenti slavē To Kungu. Būtība nav instrumentos un formās. Ja tu elpo, izmanto visu, ko Dievs ir radījis, jo ir rakstīts: "Lai viss, kas elpo, slavē To Kungu!" Slavē Viņu! Lai Viņa nams piepildās ar godību!

Nesen es apstājos pie *Starbucks* kafejnīcas un uzskrēju dažiem jauniem puišiem, kurus es pazinu un kuriem bija ģitāra. ''Ko jūs te darāt ar ģitāru?'' – jautāju viņiem. Viņi vienā balsī atbildēja: ''Mēs pielūdzam Dievu!''

Un es nodomāju: "Mans Dievs, neviens nevar apturēt to, ko Dieva Gars atjauno pa visu zemes virsu!"

Man nākas daudz ceļot uz dažādām valstīm, un visur es esmu liecinieks tam, kā jaunieši, kuriem neviens neprasa, kuri netiek spiesti vai kontrolēti, sanāk kopā un vienkārši slavē Dievu. Kāds pret to iebilst un cenšas visu izslēgt un visus izklīdināt, bet šī kustība vēl spēcīgāk izplatās mājās, kafejnīcās, uz ielām, parkos, laukumos. Tā ir atklāsme par to, Kas ir mūsu Dievs! Viņa slavēšana būs nepārtraukti visā pasaulē, un zeme tiks piepildīta ar godības iepazīšanu. (skat.: Habakuka 2:14). Aleluja!

# Uzdevums

Ar ko tu cīnies? Paskaties uz savu dzīvi un nosaki, kas ir tavs ienaidnieks. (Vēlreiz pasvītroju, ka tie nav cilvēki vai organizācijas!) Kas ir naidīgs Dieva nodomam tavā dzīvē? Pieraksti to un izlem, ka tavas slavēšanas balss Dievam būs stiprāka par tava ienaidnieka balsi. Un es ticu, ka pēc kāda laika tu patiešām redzēsi uzvaru šajā jomā!

_____

_____

_____

_____

# IEGREMDĒŠANĀS SLEPENAJĀ KAMBARĪ

Pavadi nākamās 15 minūtes, lūdzoties mēlēs, un pēc tam 15 minūtes vienkārši gaidi uz To Kungu mierā un klusumā. Ieklausies Dieva balsī, tajā, ''ko Viņš sacīs tevī''.

_____

_____

_____

_____

_____

_____

_____

# Ieroči

## 7. DIENA

# Efeziešiem 6:10-17

[10] Beidzot – topiet stipri savā Kungā un Viņa varenajā spēkā.

[11] Bruņojieties ar visiem Dieva ieročiem, lai jūs varētu pretī stāties velna viltībām.

[12] Jo ne pret miesu un asinīm mums jācīnās, bet pret valdībām un varām, šīs tumsības pasaules valdniekiem un pret ļaunajiem gariem pasaules telpā.

[13] Tāpēc satveriet visus Dieva ieročus, lai jūs būtu spēcīgi pretī stāties ļaunajā dienā un, visu uzvarējuši, varētu pastāvēt.

[14] Tātad stāviet, savus gurnus apjozuši ar patiesību, tērpušies taisnības bruņās,

[15] kājas apāvuši ar apņemšanos kalpot miera evaņģēlijam;

[16] bez visa tā satveriet ticības vairogu, ar ko jūs varēsit dzēst visas ļaunā ugunīgās bultas.

[17] Ņemiet arī pestīšanas bruņu cepuri un Gara zobenu, tas ir, Dieva vārdu,

# 91. PSALMS IR DIEVA KUNDZĪBAS MODELIS.
Šī psalma beigās ir teikts: *"... jo viņš pazīst Manu Vārdu...."* Citiem vārdiem sakot, Dievs saka: "Es apklāšu viņu ar visiem apsolījumiem, jo viņš zina Manu vārdu." *Kādu vārdu?* Tas Kungs. Tas ir atslēgas moments! Vienkārši padomā par to: Viņa vārda – Tas Kungs – iepazīšana atbrīvo Viņa kundzību un mudina Dievu atbildēt uz mūsu lūgšanām Sevis un Sava vārda dēļ.

Efeziešiem 6:10 apustulis Pāvils raksta: *"Beidzot – topiet stipri savā Kungā un Viņa varenajā spēkā."* Kā gan nostiprināties Tai Kungā? Caur Dieva iepazīšanu. Jo dziļāk tu Viņu iepazīsi kā Kungu, jo vairāk tiksi stiprināts ar Viņa kundzību, un jo vairāk spēka tiks atbrīvots caur tevi. Dieva spēks tiek atbrīvots caur Viņa kundzību, un kundzība ir saistīta ar Viņa vārda iepazīšanu. Tādējādi gan 91. psalms, gan Vēstule Efeziešiem pievērš mūsu uzmanību Tā Kunga iepazīšanai un uzsver Viņa kundzību.

*"Visbeidzot, topiet stipri savā Kungā un Viņa varenajā spēkā."* ir atslēgas frāze. Viss, par ko Pāvils raksta tālāk, ir saistīts ar to, kā stiprināties caur To Kungu caur Viņa iepazīšanu.

*"Bruņojieties ar visiem Dieva ieročiem..."* Daudzi ticīgie, neapzinoties, ka tā ir alegorija, cenšas šos Rakstu pantus pielietot burtiski, paziņojot: *"Es uzlieku taisnības bruņas un pestīšanas ķiveri, es ņemu ticības vairogu ..."* Tomēr tam nav nekā kopīga ar to, ko raksta Pāvils! Nē, apustulis mūs aicina bruņoties ar zināšanām par Pašu Kungu un ar atklāsmi par to, kas mēs esam Viņā.

1. *Tātad **stāviet**, savus gurnus apjozuši ar patiesību,* – tas ir mūsu stāvoklis Kristū. Jēzus ir Patiesība, un tava pozīcija ir atrasties Viņā. Citiem vārdiem sakot, tev kā dēlam ir jāstāv Viņa taisnībā,

varā un aicinājumā, jo tu jau esi attaisnots, atpestīts, atjaunots, un Dievs cīnās par tevi, nevis pret. Apjozies ar patiesību par to, ka Viņš ir tavs Tēvs un tu esi Viņa Dēls, un stāvi tajā nelokāmi.

2. ... *tērpušies taisnības bruņās.* Tas nozīmē tērpties Jēzus taisnībā. Un katru reizi, kad ienaidnieki (vai tie būtu dēmoni, slimības vai problēmas) pieskaras tev, pirmā lieta, ar ko viņi sastopas, ir tavas bruņas. Jā, jā, tie pieskaras nevis tev, bet Tam, Kurā tu esi ietērpts. Tāpēc nekas nevar tevi sāpināt. Taisnības bruņas ir sava stāvokļa apzināšanās Jēzū. Un jo dziļāka ir atziņa, jo biezākas ir bruņas. Šīs bruņas aizsargā tevi nevis tāpēc, ka tu katru rītu saki: "Es uzvelku bruņas", *bet tāpēc, ka esi iepazinis Viņa vārdu – Tas Kungs.*

3. ... *kājas apāvuši ar apņemšanos kalpot miera evaņģēlijam.* Runa šeit ir par aicinājumu. Kad tu stāvi patiesībā, ietērpts taisnības bruņās, tu esi aizsargāts, tāpēc koncentrē savu uzmanību uz sava dēla aicinājuma piepildīšanu. Citiem vārdiem sakot, lai kur tu atrastos, neatkarīgi no tā, kādu dzīves periodu pārdzīvo, tev vienmēr jābūt gatavam nest labo vēsti. Tu esi vēstnesis Viņa vārdā. Vēstnesis – tas ir dzīvesveids, tas nav tikai ceļojums misijā. Tu apauj savas kājas gatavībā sludināt evaņģēliju, un tas kļūst par tavu ieroci, jo tādā veidā tu dodi triecienu tumsas valstībai.

4. ... *bez visa tā satveriet ticības vairogu, ar ko jūs varēsiet dzēst visas ļaunā ugunīgās bultas.* Tas ir Dieva iepazīšanas līmenis, kad tevī darbojas Viņa ticība. Visi ieroči ir savstarpēji saistīti, tos ir grūti atdalīt, tie darbojas kopā. Vairogs atvaira, ķivere aizsargā utt.

5. ...*Un paņemiet pestīšanas ķiveri.* Pestīšanas ķivere ir saistīta ar prāta atjaunošanos. Atjaunots saprāts ir aizsargāts saprāts,

kurā darbojas Dieva ticība. Ļaunā bultas ir domas, kas ielaistas tavā saprātā, meli, kas uzbrūk tavai domāšanai. Tāpēc ticības vairogs un pestīšanas ķivere darbojas kopā: tie neļauj nepatiesības bultām skart tavu prātu un sirdi. Pateicoties Tā Kunga zināšanām un atjaunotajai domāšanai, tu esi aizsargāts, un bultas nevar tev kaitēt.

6. ... *un Gara zobenu, tas ir, Dieva vārdu.* Dieva Vārds ir varas ierocis. Tam ir jābūt tavā iekšienē, tavu domu tēlā, nevis miruša burta veidā, bet gara un dzīvības veidā. Tad tu ne tikai citēsi burtu. Tad Vārdam tavā mutē būs spēks, un ar šo Vārdu tu ienaidniekam nodarīsi vienu sakāvi pēc otras. Es gribu uzsvērt, ka velnam ir viegli tevi maldināt, ja tevī nav Vārda. Bet, kad Dieva Vārds mājo tevī, tad tu to ņem kā zobenu un uzbrūc ienaidniekam ar varu.

Tādējādi katrs bruņu elements ir saistīts ar noteiktu garīgās izziņas sfēru:

7. ... *Tātad stāviet, savus gurnus apjozuši ar patiesību,* – tā ir pozīcija Jēzū, atjaunotā dēla pozīcija.

**Taisnības bruņas** ir Kristus taisnības iepazīšana, kad mēs tērpjamies Jēzū.

**Evaņģēlija apavi** ir gatavība sludināt evaņģēliju visos laikos un ikvienā vietā un tādējādi iznīcināt tumsas valstību.

**Ticības vairogs** ir ticības līmenis caur Tā Kunga iepazīšanu.

**Pestīšanas ķivere** ir atjaunots saprāts, kas neļauj ļaunā bultām izkropļot tavu domāšanas veidu.

**Gara zobens** ir dzīvais Dieva Vārds, ar kuru tu uzbrūc un satriec ienaidnieku.

Kā redzi, bruņas ir saistītas ar zināšanām, nevis tikai pasludināšanu.

Kad es biju jauniešu mācītājs, mani kādā rītā pamodināja telefona zvans. Kādas meitenes vecāki man sāka lūgties: "Mācītāj Andrej, lūdzu atbrauc palūgt par mūsu meitu: viņa ir demonizēta!"

Viņi bija nobijušies un paskaidroja, ka precīzi nezina, kas noticis, bet viņu meitu jau kādu laiku ļoti interesēja rokgrupas *Metallica* dēmoniskā mūzika un viss, kas ar to saistīts. Kopumā tajā brīdī meitene bija nikna, un viņas ticīgie vecāki neko nevarēja izdarīt. Samiegojies es atteicu: "Labi, es tagad ātri sazvanīšos ar mācītāju un dažiem brāļiem, un mēs atbrauksim."

Tomēr, kad sāku zvanīt mācītājam un citiem vadītājiem, neviens necēla klausuli, viņi gulēja. Es prātoju: "Ko man darīt?", un pēkšņi manī skaidri atskanēja panti no Efeziešu 6. nodaļas. Es sāku citēt šīs rindas savā prātā, un uzreiz sajutu Dieva klātbūtni un dzirdēju Viņa balsi manī: "Tu esi pasargāts. Tev nav no kā baidīties. Tavs zobens nav ne tavs gans, ne tavi draugi, bet Mans vārds. Es esmu ar tevi, tev ir spēks – ej un kalpo!"

Un tā es nolēmu doties uz turieni viens. Šī ģimene dzīvoja netālu, tāpēc es ātri nokļuvu pie viņiem. Pieejot mājai, Svētais Gars manī sacīja: "Rīkojies kā Dieva dēls – no varas un patiesības stāvokļa, kurā tu staigā. Neej bailēs, nezodzies, ej kā dēls. Tu esi Mans Vēstnesis, un tev ir vara uzbrukt katram ienaidnieka spēkam, un nekas tev nekaitēs. Mans vārds ir zobens tavā mutē, drosmīgi ar to satriec ienaidnieku!"

Kad iegāju mājā, meitene bija četrrāpus uz grīdas. Sadzirdējusi manus soļus, viņa pacēla galvu un raudzījās uz mani. Caur viņas muti sāk rēkt dēmons:

— Ko tu gribi no manis? Kāpēc esi šeit atnācis?

Sapratu, ka ne jau viņa runā. Dēmons, kas bija viņā, uzreiz saprata, kas ir atnācis.

— Es esmu nācis pasludināt Dieva Vārdu pār viņu un izdzīt tevi. Tev vairs nav varas, un tu no tās iziesi.

Sāku tuvoties, bet viņa strauji pielēca, izraujot Bībeli man no rokām.

Pēc tam (nekad mūžā neko tādu neesmu redzējis!) viņa atvēra manu Bībeli un sāka ātri pāršķirt lapas – vēl, vēl, vēl, vēl! Pēkšņi viņa mēģināja izplēst vienu no lapām. Nebiju gaidījis tādu nekaunību! Es izrāvu savu Bībeli no viņas rokām, bet viņai tomēr izdevās izplēst lapu un nomest to uz grīdas. Tajā brīdī sāku sludināt Dieva Vārdu pār viņu un pavēlēju visiem nešķīstajiem gariem iziet. Es neiedziļināšos detaļās, bet meitene tajā naktī tika atbrīvota. Pēc lūgšanas es paņēmu savu Bībeli un nodomāju: "Nez, ko viņa izplēsa?" Kad pacēlu izplēsto lapu, tā bija Efeziešiem 6. nodaļa. Viņa atrada un izplēsa nodaļu par pilnīgo bruņojumu un ar nereālu ātrumu. Protams, to varēja izdarīt tikai dēmons viņā.

Atgriezies mājās, es sāku prātot, kas šajā nodaļā ir tāds, ko mēs nezinām, bet no kā sātans tik ļoti baidās. Nolēmu iedziļināties Efeziešu grāmatā un daudzus mēnešus pavadīju studijās un pārdomās, kurās es tagad dalos ar tevi. Es esmu atklājis, ka daudzi mācītāji uzsver noteiktas frāzes no 6. nodaļas, taču neaplūko visu vēstījuma koncepciju, kur galvenā frāze ir: *"Beidzot – topiet stipri savā Kungā un Viņa varenajā spēkā."*

Lūk, kāpēc ir tik svarīgi atrasties Dieva klātbūtnē un pazīt Viņu kā Kungu. Viņa spēks darbojas tajās tavas dzīves jomās, kur tev ir zināšanas.

Kad es esmu dēla pozīcijā, Viņa spēks darbojas.

Kad es esmu taisnības bruņās, Viņa spēks darbojas.

Kad es esmu gatavs sludināt miera evaņģēliju, Viņa spēks darbojas.

Kad es staigāju ticībā, Viņa spēks darbojas.

Kad es valkāju glābšanas ķiveri, Viņa spēks darbojas.

Kad es atbrīvoju Viņa vārdu, Viņa spēks darbojas.

# Uzdevums

Izraksti un iegaumē Efeziešiem 6: 10–17. Lai tava uzmanība pievērsta nevis alegorijai, bet gan būtībai, ko atklāj apustulis Pāvils: "Esiet stipri savā Kungā un Viņa varenajā spēkā."

_____

_____

_____

_____

_____

_____

_____

_____

_____

# IEGREMDĒŠANĀS SLEPENAJĀ KAMBARĪ

Pavadi nākamās 15 minūtes, lūdzoties mēlēs, un pēc tam 15 minūtes vienkārši gaidi uz To Kungu mierā un klusumā. Ieklausies Dieva balsī, tajā, ''ko Viņš sacīs tevī''.

_____

_____

_____

_____

_____

_____

_____

# NE NO ŠĪS PASAULES

---
---
---
---
---
---
---
---
---
---

# Septiņi Dieva gari

## 8. DIENA

# Jesajas 61:1-4

¹ Dieva Tā Kunga Gars ir pār mani, jo Tas Kungs mani svaidījis sludināt nelaimīgajiem prieka vēsti, mani sūtījis dziedināt sagrauztas sirdis, pasludināt apcietinātiem atsvabināšanu un saistītiem pilnīgu brīvību,

² pasludināt Tā Kunga žēlastības gadu un mūsu Dieva atmaksas dienu un iepriecināt visus noskumušos;

³ tiem, kas skumst Ciānas dēļ, dāvāt galvas rotu pelnu vietā, prieka eļļu sēru drēbju vietā, svētku drānas noskumuša gara vietā, lai viņus varētu saukt par taisnības kokiem, kas Tā Kunga dēstīti Viņam par godu.

⁴ Viņi liks atzelt vecajām posta vietām, uzcels, kas agrākos laikos sagrauts, atjaunos izpostītās pilsētas, kas jau no cilšu ciltīm bijušas pamestas postā.

# Jesajas 11:2-3

² Un pār to klāsies un to sargās Tā Kunga Gars, gudrības un saprāta gars, padoma un spēka gars, atziņas un Tā Kunga bijības gars.

³ Bijība Tā Kunga priekšā būs viņam salda smarža, un viņš netiesās pēc tā, ko viņa acis redz, un nespriedīs pēc tā, ko viņa ausis dzird

E S GRIBU TEV PARĀDĪT, KĀ Dievs domā, rīkojas un pārvalda. Atklāsmes 4: 5 teikts: *"No goda krēsla nāk zibeņi, balsis, pērkoni; septiņas uguns lāpas dega goda krēsla priekšā, kas ir septiņi Dieva gari."*

Gaismeklis ir kaut kas, kas dod gaismu un apgaismo visu apkārt. Tā Kunga troņa priekšā deg septiņi gaismekļi, septiņi Dieva gari: gudrības un saprāta gari, padoma un spēka gari, atziņas un Tā Kunga bijības gari, kurus pārvalda pats Dievs. Tāds ir Viņa domāšanas veids. Citiem vārdiem sakot, visi septiņi Dieva gari ir klātesoši Viņa domāšanā.

Pravietis Jesaja, pavēstot par Kristus atnākšanu uz Zemes, liecina, ka Tā Kunga Gars un septiņi Dieva gari dusēs uz Jēzus. Citiem vārdiem sakot, Jēzus būs pilnīgā Dieva un Viņa domāšanas veida pakļautībā:

> *Un pār to klāsies un to sargās Tā Kunga Gars, gudrības un saprāta gars, padoma un spēka gars, atziņas un Tā Kunga bijības gars. Bijība Tā Kunga priekšā būs viņam salda smarža, un viņš netiesās pēc tā, ko viņa acis redz, un nespriedīs pēc tā, ko viņa ausis dzird*
>
> *Jesajas 11:2–3*

Gudrības un saprāta, padoma un spēka, zināšanas un dievbijības, un Tā Kunga bijības Gari nes tev no augšienes gaismu un sapratni, padomu un spēku, gudrību un saprātu, Dieva bijību, un tu sāc redzēt visu tā, kā to redz pats Dievs. Ir svarīgi saprast, ka šie septiņi Dieva gari darbojas cilvēka dzīvē tikai tad, kad viņš ir pilnīgi zem Dieva kundzības. Tie nedarbojas ārpus Dieva kundzības – tie tiek aktivizēti, kad Tā Kunga Dieva Gars ir pār tevi. Tas liek mums atgriezties pie jautājuma par Dieva kundzību mūsu dzīvē.

Es ļoti bieži sludinu šo Rakstu vietu savā dzīvē, un, iespējams, daudzi to ir dzirdējuši. Kad šie gari atdusas uz tevis, tu vairs netiesā pēc savu acu skatiena, nedz arī izlem jautājumus pēc savu ausu dzirdes, un tev vairs nav vajadzīgs, lai kāds liecinātu par cilvēku, jo tu pats zini, kas ir cilvēkā, pateicoties zināšanām, kas nāk no Gara. Tā rīkojās Jēzus. Viņš mums ir paraugs, tāpēc mums vajadzētu būt dedzīgiem uz to pašu. Bībele saka, ka, lai iegūtu Kristus prātu un zinātu, kāda ir Dieva griba, mums ir pastāvīgi jāatjaunojas sirdsprātā.

Kad Tā Kunga Gars ir pār tevi, tu saņem sapratni un zināšanas no augšienes. Piemēram, tas notiek ar mani ļoti bieži, kad sprediķa laikā es nododu sevi Svētā Gara vadībai – es sāku smelties atklāsmes no iekšienes, kas nav manos pierakstos. Vienkārši pie manis atnāk domas, kas atklāj Dieva gudrību. Šādos brīžos sāk darboties Dieva gudrības un sapratnes gars, un tu sāc runāt no gara valstības.

Kad Tā Kunga Gars ir pār tevi, tu spēj saprast to, kas ir ārpus miesīgā prāta. Tu sāc saskatīt lietas, kuras nevar redzēt ar fiziskām acīm. Dieva padoms un zināšanas darbojas tevī. Katrā situācijā, kad tu rīkojies saskaņā ar Dieva domāšanas veidu, tu atļauj Svētajam Garam darīt Viņa darbu. Es to esmu piedzīvojis daudzkārt savā dzīvē!

Reiz (tas bija sen) es devos izbraucienā pa Ukrainas pilsētām. Pēdējam dievkalpojumam bija jānotiek sestdienas rītā vienā no mesiāniskajām draudzēm Doņeckā. Pa ceļam uz turieni nolēmām brokastīs apstāties degvielas uzpildes stacijā. (Ukrainā ir vācu DUS, kas gatavo ļoti garšīgas brokastis.)

Tātad, mēs pasūtījām olu kulteni ar steikiem, un, kamēr tie mums tika gatavoti, mēs paņēmām kafiju un apsēdāmies pie galda. Šajā laikā kafejnīcā ienāca puišu pūlis – viņi izskatījās kā banda no brašajiem 90. gadiem. Viņu bija kādi divpadsmit, visi labi trenēti. Šie puiši šķita pavadījuši izklaidējoties visu nakti un atgriezās no kāda kluba. Viņi bija nedaudz apmulsuši, un, acīmredzot, jau bija ar kādu izkāvušies, nu konkrēti kā no 90. gadiem.

Viņu vidū bija kāds puisis, kurš reiz bija ticīgs cilvēks, bet bija atgriezies pasaulē – viens no mūsu mācītājiem viņu atpazina. Kā izrādījās, tā bija viņa dzimšanas diena, un šī kompānija ieradās degvielas uzpildes stacijā, lai no rīta atzīmētu šo lietu. Viņi pasūtīja šampanieti un riekstus (acīmredzot naudas vairāk nebija!) un apsēdās blakus mums. Šie puiši bija noguruši, bet diezgan satraukti, un viņiem būtu bijis pietiekami daudz spēka, lai "sadotu kādam pa seju".

Mēs viņus neaiztikām, bet viņi sāka piekasīties mums un ķircināt mūs visos iespējamos veidos – tik rupji, ka mēs nezinājām, kā reaģēt. Tas bija tā, it kā pats sātans mūs iebiedētu caur šiem puišiem!

Mācītājs, kurš pazina svinētāju, nolēma ar viņu aprunāties. Bet viņš sāka ar vainošanu par to, ka viņš ir aizgājis no Dieva, jo cūka atgriežas savā netīrībā un suns pie izvemtā. Es skatījos, kā šie puiši iekarst, un atmosfēra sāk nokaist.

Šis kalpotājs puisim visu pateica un izgāja uz ielas. Bet mēs sēžam un saprotam, ka mums būs jāatbild par viņa vārdiem. Kādā brīdī mēs dzirdējām frāžu fragmentus par to, ka briest kautiņš. Mēs nereaģējām uz viņu uzbrukumiem un vienoti skatījāmies savās kafijas tasēs, lai gan labi apzinājāmies, ka tas ir kaut kāds uzmetiens.

Spēki nebija vienlīdzīgi: tikai daži brāļi pret duci skapju. Satvēris galvu rokās, noliecos pār galdu: "Dievs, ko mums darīt? Simtprocentīgi viņi iesaistīsies kautiņā, un simtprocentīgi, ka viņi mūs piekaus, jo viņi ir tik ļoti uzpumpēti, un ir skaidrs, ka viņi ne jau vienu dienu ar to nodarbojas." Pēkšņi es paskatījos uz augšu un ieraudzīju, ka mācītājs atgriežas un izaicinoši iet pretī puisim, kuru viņš pazina. No viņa izskata bija viegli uzminēt, ka tas būs otrais raunds, un ka viņš ir sagatavojis veselu runu. "Mums ir vāks! – Es nodomāju. – Tagad viss sāksies…" Un tad es redzēju, ka mums atnes olu kulteni ar steikiem. Pēkšņi man radās doma: "Ņem šos steikus un pacienā puišus, jo viņi svin dzimšanas dienu!"

Nezaudējot ne mirkli, es pārtvēru paplāti no viesmīļa, un, pirms mācītājs paspēja atvērt muti, es ātri teicu:

– Puiši, šodien ir jūsu dzimšanas diena, jūs šeit svinat. Atļaujiet man no sirds pacienāt jūs ar maltīti. Mēs steidzamies uz servisu un mums nav laika ēst. Varu jūs uzcienāt?

Viņi visi strauji pielēca no savām vietām. Bija pauze… Viņi bija apjukuši, saprotot, ka viņi rupji "uzbrauca" mums, bet mēs viņiem atbildējām ar laipnību. Viņi iepriekš neko tādu nebija redzējuši!

Tajā brīdī atmosfēra momentāni mainījās.

– Nu, jā. Paldies, viss kārtībā… – viņi nomurmināja.

Mēs viņiem iedevām steikus:

— Daudz laimes dzimšanas dienā! Apsveicam! Svētījam jūs!

Un es klusi saku savējiem:

— Brāļi, mēs aizejam. Viss, atēdāmies! Ejam!

Tajā brīdī atmosfērā bija jūtama Epifānija – tika izpausta Dieva gudrība, padoms un spēks, novēršot situāciju. Tas bija spēcīgi un pamācoši! Mēs devāmies uz izeju, bet viņi joprojām stāvēja ar paplātēm, pavadot mūs ar pārsteiguma pilniem skatieniem.

Iekāpām autobusā un izelpojām. Un tad mācītājs paziņoja:

— Un es devos viņam visu vēlreiz izteikt, bet nepaspēju!

Mēs klusībā saskatījāmies un tad jautājām:

— Vai nesaproti, ka viņi gribēja mūs reāli atdauzīt, bet Dievs to nepieļāva?!

Šajā situācijā es redzēju, kā darbojas padoma gars, kurā izpaužas Dieva spēks. Mēs noteikti nebūtu izkļuvuši bez cīņas, ja būtu mēģinājuši visu atrisināt ar cilvēka prātu. Tajā situācijā tiešām bija tikai viena izeja – "kautiņš", un tad mēs būtu atbraukuši sludināt Evaņģēliju ar zilumiem un nobrāzumiem!

Tomēr Dievs neļāva tam notikt! *Vai zini, kāpēc?* Kad tu seko Dieva Gara padomam, sāk izpausties Viņa stiprums, spēks un Viņa atklāšanās. Šie puiši stāvēja Dieva diženuma priekšā, to neapzinoties!

Atceries, ka, ja tava dzīve ir zem Dieva kundzības, tevī sāk darboties paša Dieva domāšana – Viņš sniedz tev izpratni par to, ko, kā un kad darīt. Un tu vari tikai apbrīnot Viņa varenību un diženumu! Tu esi saviļņots, uzzinot, kāds ir Dievs. Sāc tajā iedziļināties un pieņemt to savā dzīvē!

Dievs man reiz teica: "Ja tu būsi dedzīgs uz to un atdosi visu savu domāšanu Manai kundzībai, tu spēsi darboties tā, kā to darīja Jēzus uz zemes: tu varēsi redzēt neredzamo, tu tiksi apgaismots, tu spēsi atpazīt laiku, gadalaikus, Dieva vēlmes, Viņa gribu..." Nezinu par tevi, bet mani tas patiešām aizrauj!

# Uzdevums

Neprasi lūgšanā: "Dievs, dodi man šo!" Dievs jau ir sūtījis Savu Garu uz šo zemi, tāpēc sāc to pieņemt un ar savu muti apliecināt Viņa kundzību savā dzīvē:

*Es pieņemu Tā Kunga Garu, gudrības un saprāta garu, padoma un spēka garu, zināšanu un dievbijības garu un Tā Kunga bijību, un es netiesāšu pēc savu acu skatiena un nelemšu par lietām, dzirdot ar savām ausīm.*

*Dieva Tā Kunga Gars ir pār mani, jo Tas Kungs mani svaidījis sludināt nelaimīgajiem prieka vēsti, mani sūtījis dziedināt sagrauztas sirdis, pasludināt apcietinātiem atsvabināšanu un saistītiem pilnīgu brīvību, pasludināt Tā Kunga žēlastības gadu un mūsu Dieva atmaksas dienu un iepriecināt visus noskumušos; tiem, kas skumst Ciānas dēļ, dāvāt galvas rotu pelnu vietā, prieka eļļu sēru drēbju vietā, svētku drānas noskumuša gara vietā, lai viņus varētu saukt par taisnības kokiem, kas Tā Kunga dēstīti Viņam par godu.*

*Svētais Gars, es esmu pilnīgi Tavs! Vadi mani, māci mani. Pārņem visu manu dzīvi – es pieņemu Tavu kundzību.*

Pieņem un apstiprini Dieva kundzību katru dienu, un tu redzēsi, ka tā sāk dīgt un darboties tavā dzīvē.

_____

_____

_____

_____

_____

_____

_____

_____

_____

_____

_____

_____

_____

_____

# IEGREMDĒŠANĀS SLEPENAJĀ KAMBARĪ

Pavadi nākamās 15 minūtes, lūdzoties mēlēs, un pēc tam 15 minūtes vienkārši gaidi uz To Kungu mierā un klusumā. Ieklausies Dieva balsī, tajā, "ko Viņš sacīs tevī".

_____

_____

_____

_____

_____

_____

_____

_____

_____

_____

_____

_____

# Cīnies par slāpēm!

## 9. DIENA

# 63. psalms

[1] Dāvida dziesma, kad viņš bija Jūdas tuksnesī.

[2] Kungs, Tu esi mans Dievs, es meklēju Tevi, pēc Tevis slāpst mana dvēsele, pēc Tevis tvīkst mana miesa kā sausa un izkaltusi zeme, kur nav ūdens.

[3] Es esmu raudzījies pēc Tevis Tavā svētnīcā, lai redzētu Tavu spēku un Tavu godību,

[4] jo Tava žēlastība ir labāka par dzīvību. Manas lūpas lai Tevi slavē.

[5] Tā es Tevi teikšu visu mūžu, Tavā Vārdā pacelšu savas rokas.

[6] Kā ar taukumiem un gardumiem ir pamielota mana dvēsele, un mana mute daudzina Tevi ar gaviļu pilnām lūpām,

[7] kad es Tevi pieminu apguldamies un par Tevi domāju uzmozdamies.

[8] Tu esi bijis mans palīgs, un Tavu spārnu ēnā es līksmojos.

[9] Mana dvēsele Tev pieķeras, Tava labā roka mani tur.

[10] Bet tie, kas meklē manu dzīvību un gribētu mani pazudināt, nogrims zemes dziļumos.

[11] Tos nodos zobena asmenim, tie kļūs vilkiem par laupījumu.

[12] Bet ķēniņš priecāsies Dieva žēlastībā: ikviens gūs godu un slavu, kas pie Viņa zvēr; taču melkuļu mute tiks aizbāzta.

U ZREIZ PĒC GRĒKU NOŽĒLOŠANAS ES pieņēmu lēmumu nedzīvot virspusējā kristietībā, bet meklēt Pašu Dievu un darīt visu iespējamo, lai iepazītu Viņu personīgi. Kopš tā laika es visu savu dzīvi esmu veltījis tam, lai augtu Dievā, paceltos no līmeņa uz līmeni un darītu visu, lai Dievs varētu mani vest manā aicinājumā. Es toreiz nezināju, cik ļoti tas nebūs vienkārši! Pēc piedzimšanas no jauna tu meklē Dievu nevis tāpēc, ka kāds tevi spiež, bet tāpēc, ka alksti iepazīt Dievu. Tavas slāpes pēc Dieva motivē tevi lūgt, lasīt Vārdu, būt katrā dievkalpojumā. Tavas attiecības ar Dievu sāk veidoties, jo ir slāpes. Daudzi cilvēki to sauc par pirmo mīlestību.

Sākumā pašas slāpes tevi skubina, taču lai virzītos uz priekšu Dieva iepazīšanā ir nepieciešama arī disciplīna. Tāpēc tev būs jāstrādā pie disciplīnas. Un, kad attīsti disciplīnu, tev ir jāpārliecinās, ka nezaudē slāpes. Es to zinu no savas pieredzes. Ir fakts, ka ir ļoti atbildīgi un disciplinēti kristieši, kuri iet uz visiem dievkalpojumiem, lūgšanām, palīdz baznīcā, zina Rakstus, bet ir zaudējuši slāpes pēc Dieva – paliek tikai dzelzs disciplīna, kas rada "garīgā kristieša" izskatu. Tāpēc es gribu tevi vēlreiz mudināt: kad esi attīstījis disciplīnu, neapstājies, turpini cīnīties par slāpēm!

Kā?

Psalmā 63:2–3 Dāvids sauc:

*Kungs, Tu esi mans Dievs, es meklēju Tevi, pēc Tevis slāpst mana dvēsele, pēc Tevis tvīkst mana miesa kā sausa un izkaltusi zeme, kur nav ūdens. Es esmu raudzījies pēc Tevis Tavā svētnīcā, lai redzētu Tavu spēku un Tavu godību*

Reiz es nodomāju: "No kurienes viņam tāda vēlme? No kurienes nāk šī disciplīna? Dāvid, kas tevi iedvesmoja jau no agras rītausmas meklēt Dievu? Kas ir šī vēlme, kas ir spēcīgāka par nepieciešamību izgulēties? Kas ir šis spēks, kas uzvar miesu un piespiež disciplinēt sevi?" Tās ir slāpes pēc Paša Dieva!

Vēlāk septītajā pantā Dāvids raksta:

*... kad es Tevi pieminu apguldamies un par Tevi domāju uzmozdamies ...*

Pagaidi, kur viņš piemin? Jā, viņš piemin Dievu gultā – tā nav lūgšana, tās ir Dieva pilnas domas pēc lūgšanām.

Es zinu šo sajūtu, kad tu mosties un saki: "Jēzu, es Tev no sirds saku: es Tevi mīlu..."

Es zinu šo stāvokli, kad nevari aizmigt, jo tu domā par Dieva diženumu un godību.

Es zinu šo stāvokli, kad nevari aizmigt, jo tu domā par Dieva Vārdu un Viņa atklāsmēm.

Es zinu šo stāvokli, kad pamosties ar slavas dziesmu uz lūpām.

Es zinu šo stāvokli, kad neguli diennaktīm ilgi, jo gars tevī lūdz, un tu nevēlies kavēt šo lūgšanu.

Un es arī atceros citu stāvokli, kad nevēlies celties no rīta, jo pirmā lieta, par ko tu domā, ir tas, kur iegūt naudu. Es zinu stāvokli, kad tu nevari gulēt, jo tu "vāries" problēmās un bailēs un mocies.

Dāvids saka: *"es Tevi pieminu apguldamies"* Kāpēc? Ne tāpēc, ka viņu piespieda to darīt viņa problēmas, bet tāpēc, ka viņa dvēsele ilgojās pēc Dieva!

*Kā noteikt, vai tev ir slāpes pēc Dieva vai nē?* Vienkārši pārbaudi, par ko domā, kad aizmiedz un kad mosties. Vai tavas domas ir vērstas uz Dievu? Ja tu lasi Bībeli un lūdz, bet tu nedomā par Viņu, tev ir disciplīna, bet nav slāpes.

Vai esi kādreiz domājis, kāpēc Dāvidam bija tādas slāpes? Devītais pants sniedz mums atbildi: *"... mana dvēsele ir piekērusies Tev..."*

Lūk, kā! *Bet vai tava dvēsele ir piekērusies Dievam?* Es bieži uzdodu sev šo jautājumu. Kā zināt, vai tava dvēsele ir piekērusies vai nē? Dievs reiz man to paskaidroja ar piemēru par manu attieksmi pret sievu. Kad Nataša vēl bija mana līgava, mana dvēsele piekērās viņai. Vai zini, kas notika pēc tam? Es sāku alkt sazināties ar viņu, es gribēju viņu satikt, es gribēju viņu redzēt, es gribēju pavadīt laiku kopā ar viņu. Šīs slāpes bija neizskaidrojamas! Šīs slāpes bija neapturamas!

No rīta pamostoties, es domāju par viņu, kad naktī devos gulēt, es domāju par viņu. Man nebija bezmiega, man bija nakts sardzes, jo mana dvēsele tam piekērās. Un tas man atņēma miegu un ēstgribu. Es biju gatavs celties agri un vēlu palikt nomodā. Šīs slāpes pamudināja mani darīt to, ko es nekad nebūtu darījis, ja mana dvēsele nebūtu tai piekērusies. Es nevienam nedāvinātu tik daudz ziedu, es nevērtu durvis, es nepirktu dāvanas! Tā bija kā degviela manā dvēselē, kas mani pacēla un veda uz varoņdarbiem! Gāzi grīdā un visi ātrumi uzreiz!

Kad pirmo reizi ieraudzīju Natašu, visa mana uzmanība bija pievērsta viņai. Es viņu "aizķēru", rūpējoties par viņu, neignorējot pat vissīkākās detaļas. Mani ieradumi mainījās, Natašas dēļ es sāku mainīties, jo iemīlējos viņā.

Mums ir grūti pašiem sevi izmainīt, bet, kad dvēsele pieķeras Dievam, mēs nevaram nemainīties šīs Personas dēļ. Es sapratu, ka nav jāmeklē pārmaiņas, bet jāmeklē Dievs. Dvēselei ir jāpieķeras Tam Kungam – Viņa mīlestība mūs maina!

Es bieži pārbaudu sevi. Vai es domāju par Viņu? Vai es meditēju par Viņu? Vai mana dvēsele ir piepildīta ar Viņu? Vai es aizmigšu, domājot par Viņa Vārdu? Vai es joprojām esmu tikpat pieķēries Viņam kā pirms 20 gadiem? Es pārbaudu savu sirdi.

*Un ko darīt, ja esi zaudējis slāpes? Kā tās atgūt?*

Atklāsmes Grāmatā 2:4–5 teikts:

> *Bet Man pret tevi ir tas, ka tu esi atstājis savu pirmo mīlestību. Tad nu pārdomā, no kā tu esi atkritis; atgriezies un dari pirmos darbus...*

Dievs man teica: "Atceries, ko tu darīji savas līgavas labā. Atceries, uz kādiem varoņdarbiem tevi virzīja slāpes. Atceries visu detalizēti un sāc darīt iepriekš darīto."

**Pirmais** ir atcerēties! Atceries detalizēti, ko tu darīji Tā Kunga labā: kā meklēji Viņu iepriekš, kā skrēji uz slepeno kambari, kā tevi sagūstīja Jēzus, kā lūdzi, kā stāstīji cilvēkiem par Dievu, kā meklēji iespēju kalpot kādam... Iemesls tam bija tavas slāpes pēc Dieva un tas, ka tava dvēsele pieķērās Viņam. Ja tu pazaudēji savu pirmo mīlestību, tas nebija tāpēc, ka Dievs tev to atņēma, bet gan tāpēc, ka tu to neizkopi, un citas prioritātes dzesēja slāpes tevī.

**Otrais** ir nožēlot grēkus un atgriezties pie iepriekš darītā. Ievēro, Dievs neteica: "Atgriezies pie savas pirmās mīlestības," Viņš teica, "Atgriezies pie iepriekš darītā." Jautājums nav par to, ko tu dari Viņa labā tagad, bet par to, vai dari to, ko esi darījis iepriekš. Tava pirmā mīlestība motivēja tevi darīt kaut ko **VIŅA LABĀ**, ne tikai Viņa **dēļ**. Tā ir atšķirība! Tieši pie šiem iepriekšējiem darbiem, kas izrietēja no slāpēm, Svētais Gars aicina mūs atgriezties. Tava pirmā mīlestība nepazuda pati no sevis, tu to pameti. Atceries savas pirmās mīlestības stāvokli un to, ko darīji Viņa labā. Sāc tos darīt atkal, un tad slāpes un pirmā mīlestība atgriezīsies!

Ko darīt, ja atstājāt savu pirmo mīlestību:

1. Atceries šo stāvokli detalizēti un esi godīgs pret sevi.

2. Atzīsti, ka esi pazaudējis savu pirmo mīlestību, un nožēlo to.

3. Atgriezies pie iepriekšējiem darbiem, ko darīji Tā Kunga labā, tas pamodinās tavas slāpes un tavu pirmo mīlestību.

Dārgais draugs, cīnies par slāpēm! Slāpes vienmēr atvedīs tevi pie tā, ka redzēsi Viņa spēku un godību. Kad tu patiesi vēlies kaut ko, tu atradīsi veidu, kā to iegūt. Ja nevēlies, tu atradīsi tūkstoš attaisnojumu. Es zinu droši, ka izslāpušie cilvēki Dieva iepazīšanā ies daudz dziļāk un tālāk nekā citi. Viņi nemīdīsies uz vietas, bet pāries no viena godības līmeņa uz nākamo.

# UZDEVUMS

Apstāsimies šajā stāvoklī un patiešām ļausim Svētajam Garam runāt uz mums, uz mūsu sirdīm.

_____

_____

_____

_____

_____

_____

_____

_____

_____

_____

_____

_____

_____

_____

# IEGREMDĒŠANĀS SLEPENAJĀ KAMBARĪ

Pavadi nākamās 15 minūtes, lūdzoties mēlēs, un pēc tam 15 minūtes vienkārši gaidi uz To Kungu mierā un klusumā. Ieklausies Dieva balsī, tajā, ''ko Viņš sacīs tevī''.

---

---

---

---

---

---

---

---

---

---

---

---

# Atstāj kalpošanu, lai turpinātu pildīt Tēva gribu

## 10. DIENA

# Lūkas 5:15-16

[15] Un Viņa slava izpaudās vairāk un vairāk, un daudz ļaužu sapulcējās Viņu dzirdēt un likties dziedināties no savām slimībām.

[16] Bet Viņš nogāja tuksnesī un pielūdza Dievu.

ATCERIES ŠO FRAGMENTU – TAS ir ļoti svarīgi! Es esmu pilnīgi pārliecināts, ka tie no jums, kuri nopietni uztver visu, ko es rakstīju "Ne no šīs pasaules", un sāks praktizēt visu, ar ko es dalos šajā rokasgrāmatā, redzēs izmaiņas savā dzīvē. Augļi tavām tuvajām attiecībām ar Dievu būs acīmredzami. Tu būsi pārsteigts, redzot, kā Dievs dziedina un atbrīvo cilvēkus caur tevi, dod tev drosmi, ticību, redzējumu, gudrību, spēju redzēt tālāk un darīt Viņa gribu.

Tu pat nepamanīsi, kā tavas slāpes un tuvība ar Dievu sāks iespaidot citus, mainīs atmosfēru ap tevi un nesīs debesu smaržu, dzīvību un cerību apkārtējiem. Tu dosi padomus un redzēsi rezultātus, lūgsi un redzēsi debesu palīdzību. Cilvēki nāks pie tevis un teiks, ka tava dzīve viņus ir ietekmējusi, tavas slāpes viņus ir iedvesmojušas. Pēkšņi pierādījumi, ka Dievs ir ar tevi, sāks izplatīties visur. Atnāks panākumi kalpošanā, atnāks labklājība! Slava no mutes mutē sāks tev sekot, un ir tik svarīgi, lai tā neapsteigtu tevi un lai tu nepavērstos ar muguru pret To Kungu un ar seju pret saviem panākumiem!

Rokasgrāmatas nobeigumā es vēlos uzrunāt katru, kurš ir sācis praktizēt šīs nodarbības un redzēt rezultātus. Tu redzēsi tos vēl vairāk. Un, iespējams, tu šo pēdējo stundu sapratīsi tikai vēlāk, bet es vēlos tev ieteikt atvēlēt vismaz vienu dienu mēnesī, lai to pilnībā veltītu Tam Kungam. Vismaz vienu, bet katru mēnesi! Atzīmē šo dienu savā kalendārā kā vissvarīgāko mēneša dienu tieši tagad.

Pēc tam atrodi vietu ārpus savas mājas un pilsētas, kur pabūt vienatnē ar Dievu. Kāpēc no mājas un pilsētas? Tev ir jāatvieno sevi no visa, kas ir pazīstams: mājas, ģimenes, kalpošanas, biznesa, pienākumiem un vides. Pilsētā tu joprojām jūties sistēmā, joprojām kontaktējies ar visiem. Tavām mājām un pilsētai ir dvēseliska saikne ar tevi un tā ietekmē tevi psiholoģiski. Bet ir stāvoklis, kad zemapziņā saproti: "Es neesmu pilsētā." Un tu vari visiem pateikt: "Es atvainojos, šobrīd neesmu pilsētā..." Tu atvieno sevi emocionāli, garīgi, psiholoģiski, pārtrauc laiku un darbu, lai būtu kopā ar Dievu.

Sāc savu nošķiršanos ar Dievu ar vienu dienu katru mēnesi, pēc tam palielini šo laiku līdz divām vai trim dienām. Es mudinu tevi izstiept sevi no iekšpuses uz āru ar šo nošķiršanās praksi. Iemācies pamest savu kalpošanu un doties tuksnesī vienas lietas dēļ – koncentrēt visu savu uzmanību uz Tēvu un Viņa gribu, nevis uz kalpošanas panākumiem, augļiem un attīstību! Nododi sevi Dievam, lai Viņam būtu daļa pie tevis. Aizbēdz no kalpošanas, tad atgriezies tajā un turpini. Pareizāk sakot, turpini nevis kalpot, bet pildīt Dieva gribu caur kalpošanu.

Kalpošanai nevajadzētu būt mērķim un augļiem nevajadzētu būt mērķim! Neļauj tiem piesaistīt visu tavu uzmanību! Reizi mēnesī sāc nošķirties ar Dievu, lai pilnībā nodotos Viņam, paliktu vārdā, lūgšanās, pielūgsmē. Sāc nošķirties ar to izpratni, kas dota rokasgrāmatā un grāmatā. Tev nav nepieciešams "no jauna izgudrot riteni" – kāds pirms tevis jau ir nogājis šo ceļu. Es esmu dalījies ar tevi savās visvērtīgākajās pieredzēs, savās kļūdās un uzvarās, un atklāsmē par to, kā lietas darbojas garīgajā pasaulē.

Dievs šodien aicina cilvēkus tuvoties Viņam. Viņš vēlas atgriezt Sev kalpotājus pēc Savas sirds, kuri pildīs visas Viņa vēlmes. Viņš nevienu nespiež, Viņš aicina. Ja tu patiesi vēlies tuvoties Dievam un darīt Viņa gribu, seko Jēzus piemēram un mācies no Viņa. *Runas par viņu izplatījās arvien vairāk, un liels ļaužu pūlis sapulcējās, lai dzirdētu viņu un tiktu dziedināti no savām slimībām. Bet viņš pats bieži nogāja nomaļās vietās un lūdza Dievu.* Lūkas 5:15–16

Tavam mērķim vienmēr ir jābūt Pašam Dievam, nevis kalpošanai Viņam. Tāpēc ej projām, atstāj visu, nošķiries un paplašini sevi no iekšienes. Dodi Dievam iespēju pārbaudīt tavu sirdi, strādāt ar tevi, lai tavā dvēselē un tavā dzīvē būtu vairāk vietas Viņam. Lai tava dvēsele uz visiem laikiem paliek pieķērusies Pašam Dievam!

Tevis dēļ Viņš atdeva Sevi visu. Viņš tevi adoptēja un nosauca par Savu dēlu. Tas bija Viņš, Kurš vēlējās, lai tu piedzimtu. Viņš tevi augšāmcēla. Tas bija Viņš, Kurš vēlējās ar tevi tuvas attiecības. Viņš nomira par tevi, lai atpestītu un atjaunotu visu, kas tika pazaudēts, lai tu varētu būt Viņa klātbūtnē, Viņa dabā, Viņa godībā.

**Paldies Tev, Jēzu!!**

_____

_____

_____

_____

_____

_____

_____

_____